# Herbert Spencer Und Friedrich Nietzsche: Vereinigung Der Gegensätze Auf Grund Einer Neuen These ...

## Friedrich Selle

# Herbert Spencer und Friedrich Nietzsche.

## Vereinigung der Gegensätze auf Grund einer neuen These.

## Inaugural-Dissertation

zur

### Erlangung der Doktorwürde

der

### hohen philosophischen Fakultät der Universität Leipzig

vorgelegt von

## Carl Friedrich Selle.

Leipzig.
Verläg von Johann Ambrosius Barth.
1902.

Herrn Professor Dr. **Max Heinze**
Königl. sächs. Geheimen Rat

in Verehrung und Dankbarkeit zugeeignet

vom Verfasser.

# Plan.

**These:**

Rhythmus-Ästhetik als Axiom der Erkenntnis, objektiv und subjektiv, d. h. des Wissens und Denkens.

**Einleitung:**

Darlegung des Planes in Verbindung mit der These und Definition ihres Grundbegriffes: Ästhetik.

**I. Teil:**

Synthese auf dem Wege evolutionistischer Deduktion; Ergebnis: Rhythmus-Ästhetik.

**II. Teil:**

Analyse auf dem Wege einer Induktion von Spencer und Nietzsche her; Ergebnis: Die These als Grundlage einer Vereinigung ihrer Gegensätze, des friedlichen und kriegerischen Ideals.

# Lebenslauf.

Carl Friedrich Selle, geboren zu Leipzig am 23. Februar 1879, evangelisch-lutherischer Konfession, besuchte 4 Jahre lang die I. Bürgerschule zu Leipzig. Von Ostern 1889 an gehörte er dem Thomasgymnasium zu Leipzig als Alumnus bis 1898 zu. Mit nach Privatvorbereitung Ostern 1899 auf dem Gymnasium Albertinum zu Freiberg erlangten Reifezeugnis, bezog er die Universität Leipzig und studierte dort bis Michaelis 1900 neuere Sprachen und Philosophie. Dann in Paris bis Ostern 1901 am Collège de France und Sorbonne gleichfalls Philosophie und französische Sprache und Literatur. Seitdem gehörte er wieder der Leipziger Universität als Student der Philosophie und neueren Sprachen zu.

# These.

Die Grundlage dieser Abhandlung soll eine These sein. Der Gedanke dieser These erwuchs aus dem eingehenden Studium der beiden Antipoden unserer Zeit und Kulturwelt, aus einem Studium auf evolutionistischer Anschauungsweise fußend, die hinter einem philosophischen Lebenswerk die Entwickelung des Verfassers als Persönlichkeit unter dem Gesamteinfluß der direkten und indirekten Zeit- und Kulturbeziehungen zu ihm sieht; und von hier aus wieder sein philosophisches Werk als einen Entwickelungsschritt der Zeit und Kultur selber. ⟨Die beiden derart betrachteten und damit als Antipoden unserer Zeit und Kulturwelt erkannten Philosophen, die diese Abhandlung in solchem Sinne parallel betrachten wird, sind Herbert Spencer mit seinem System der synthetischen Philosophie und Friedrich Nietzsche mit seiner Lebensanschauung, niedergelegt in seinen Werken und Gedanken.⟩ Daß eine Parallelbetrachtung dieser beiden Philosophen zu einer neuen These führen kann und führen muß, soll diese Arbeit in ihrem Verlaufe selbst erweisen und damit zugleich einen induktiven Beweis der neuen These liefern. Was hier eingangs besonders zu rechtfertigen ist, ist die Aufstellung der These als Anfang und Grundlage dieser Abhandlung.

Die Wissenschaft von heute hat, wenigstens für Deutschland, weder den Zwang der Form, noch die instinktsichere Freiheit für die Bildung eines Stils. Gleichwohl ist es sehr gut denkbar, daß im Gesamtgebiet der Wissenschaft ein einheitlicher Stil für die Anlage einer Arbeit, und in jedem Einzelgebiet eine Einheitlichkeit der Redeweise sich entwickelte. Diese Möglichkeit ist heute auch noch nicht für Philosophie, ja hier vielleicht noch am allerwenigsten Ereignis geworden, aber gerade für Philosophie ist wohl Not-

wendigkeit und Wert einer stilistischen Einheitlichkeit am ein-
leuchtendsten, denn Stil ermöglicht Klarheit, und Klarheit ist das
Grundpostulat der Philosophie.

Es stehen mir hiermit drei Wege offen, die Kühnheit, die darin
zu liegen scheint, als Neuling eine Abhandlung mit einer neuen
These zu beginnen, zu rechtfertigen. Erstens scheint in Philosophie
heute so ziemlich alles erlaubt, zweitens ermögliche ich zum min-
desten eine Klarheit der Einsicht in meine Absichten bei dieser
Arbeit. Ich habe aber noch eine dritte und, wie ich glaube, schwer-
wiegende Möglichkeit der Rechtfertigung. Nietzsche ist heute viel
umstritten und erscheint fragwürdig fast in jeder Hinsicht, das
Wort im guten und bösen Sinne angewandt, nur über Eins ist
man sich bei ihm klar, er ist ein Meister des Stils in der Sprach-
behandlung, wie im Gedankenaufbau. Nun äußert er selbst (Ge-
samtausg. VII, S. 297), ein Musterbeispiel für Stil der philosophischen Gedankenarchitektur in der dritten Abhandlung der Genealogie der Moral: Was bedeuten asketische Ideale? gegeben zu
haben. Diese Abhandlung ist die Ausführung eines die gleiche
Überschrift tragenden Aphorismus, der ihr vorangestellt ist (VII,
S. 399) und ihren Grundgedanken, — den Grundgedanken aller
Philosophie Nietzsches übrigens zuletzt —, als These wiedergibt.
Weit entfernt also, in dieser Art des Spiels mit offnen Karten eine
Siegessicherheit bekunden zu wollen, erstrebe ich nur Klarheit und
zugleich einen heute anerkannten Stil der Gedankenarchitektur in
Philosophie, — es ist damit, wie bei Nietzsche, für die Qualität des
Baumaterials noch gar nichts gesagt.

Als Grundlage dieser Abhandlung stelle ich also die These auf:
R h y t h m u s - Ä s t h e t i k   i s t   d a s   A x i o m   a l l e r   E r k e n n t n i s,
d e r   o b j e k t i v e n,   w i e   d e r   s u b j e k t i v e n,   d. h.   d e s   W i s s e n s,
w i e   d e s   D e n k e n s.

# Einleitung.

In den Eingangsworten meiner Thesenaufstellung deutete ich schon den Zusammenhang der Parallelbetrachtung Spencer-Nietzsche mit der These als induktive Beweisführung der letzteren an, die diese Arbeit in ihrem Verlaufe bringen soll. Würde ich nur den induktiven Beweis der These derart hier führen können, so hätte diese als Resultat einer Induktion an deren Ende gestellt werden müssen, ich gab aber vorher auch schon meinen eigenen Standpunkt Spencer-Nietzsche gegenüber an, und der Titel der ganzen Arbeit sagt, daß auf Grund der These hier eine Vereinigung der in jenen Beiden gegebenen Gegensätze gefunden werden soll. Damit stelle ich mich selbst vor die Aufgabe, auch eine Deduktion der These von meinem auf, aber auch über Spencer und Nietzsche eingenommenen Standpunkte her zu geben, und für diese muß die These voranstehen. Es ergeben sich also zunächst zwei Teile eines Beweisganges als Inhalt eines Gesamtplanes dieser Arbeit, von der These ausgehend, und mit der These endend: der deduktive und der induktive. (Ich gebrauche Deduktion und Induktion in dem freieren Sinne wie Spencer als Beweisgang durch logische und hypothetische Schlüsse und Beweisgang durch logische und analogische Verwendung von Material.) Der erste Teil, die Deduktion, findet seinen Weg vorgezeichnet in einer Synthese der einzelnen Thesenteile: Denken, Wissen, subjektiv-objektiv, Erkenntnis, Axiom. Alle diese Bestandteile werden bewiesen werden als auf ästhetischer Grundlage ruhend; da diese für den ersten bis zum letzten Bedingung sein soll, so muß sie in dem hier gebrauchten Sinne — sie ist bedeutend erweitert als gewöhnlich verstanden — definiert und vorangestellt werden. Zum zweiten Teile der Beweisführung, zur Induktion komme ich dann mit der

1*

Rhythmusidee, die auch zunächst als ästhetisch begründet gezeigt
werden wird, selbst aber induktiv auf Spencers und Nietzsches
Auffassung gegründet wird. Als natürlich ergibt sich von hier aus
der zweite Teil des Beweisganges fernerhin als Analyse der These
in ihre Teile: Axiom der Erkenntnis, Erkenntnis, subjektiv-objektiv,
Wissen, Denken. Die Induktion für jeden dieser Bestandteile wird
sich stützen auf die Parallele Spencer-Nietzsche, deren Verwendung
hier im einzelnen, nach Aufstellung der Parallele für die Rhythmusidee und die ästhetische Grundlage ihres Denkens, im Interesse der
gedanklichen Klarheit eine gewisse Freiheit für Trennung oder
Vergleichung Beider beanspruchen wird. Die Berechtigung dazu
wird sich aus der Kenntnis der Unzulänglichkeit ihrer Anschauungen den Forderungen der These gegenüber ergeben. Zu dieser
Kenntnis zu führen, ist ja der Zweck dieser Abhandlung und ihrer
These, die eine Vereinigung der Anschauungsgegensätze Spencer-
Nietzsche als Resultat haben sollen, demnach muß die Induktion,
die auf diesen Gegensätzen basiert, schließlich die These als notwendige Forderung aufweisen. Dies wird sich als natürlich ergeben, wenn ich durch den eben angegebenen analytischen Weg
zu einer in meinem Sinne ästhetischen Charakterisierung ihres
Denkens komme, die sich in der Art des Abschlusses ihrer Philo-
sophien zeigen muß, wo sie beide die Kultur von heute ethisch-
subjektiv als Einheit mit einheitlicher Tendenz betrachten. Die
Tatsache, daß sie sich hier dann diametral gegenüberstehen, bezeugt,
daß Beide irgendwo einen Fehler der Gedankenfolge haben müssen;
ist es mir am Schlusse der vergleichenden Induktion gelungen, diese
beiden Grundfehler aufzuweisen, so muß sich notwendig zugleich
irgend ein positives Resultat damit ergeben haben, — ich habe es
in meiner These als Rhythmus-Ästhetik aufgestellt —; an dieser
Schlußstelle des induktiven Beweisganges wird die These Postulat
einer auf und über Spencer und Nietzsche stehenden philosophischen Anschauung, die sich selbst bewiesen hat, deduktiv wie induktiv auf einem Axiom fußend. Das Axiom selbst ist nicht zu
beweisen, es ist aber als Axiom, d. h. als unbeweisbar darzustellen.
Dies muß ich für den einen Teil des Axioms, für Ästhetik getan
haben, wenn ich diese in meinem Sinne vor Beginn der Synthese
definiere, wie ich schon ankündigte, und als Material dabei die
Ergebnisse der Naturwissenschaft verwende, wie sie die Entwickelungslehre auch verwendet, an deren Ergebnisse ich mich weiterhin auch anschließe; für den anderen Teil des Axioms, für Rhythmus, werde ich die Darstellung als Axiom mir ersparen können,

da ich sie mit Spencers Worten eingangs der Analyse geben kann, der diese gleichfalls auf Naturwissenschaft stellt. Wenn Spencer das Rhythmusaxiom in Verbindung mit der Entwickelungslehre gebracht und es nicht nur einmal theoretisch aufgestellt hätte, so wäre diese Abhandlung überflüssig. Dieser Mangel des Spencerschen Systems erklärt sich aber, und wird von mir erklärt werden, als ein Mangel des Bewußtseins vom zweiten Teile des Axioms, von Ästhetik und ihrem für alle Erkenntnis grundlegenden Werte, der sich eben nun von hier aus als notwendig ergeben soll. Wäre es mir auf diesem bis hierher in seinem Verlaufe angedeuteten Wege auch gelungen, die Richtigkeit der These als Axiom zu erweisen, so fehlte immer noch der Ausweis ihres Wertes für die Philosophie. Erst wenn mir dies auch noch im Verlaufe der Arbeit gelungen ist, kann ich meine mir hier gestellte Aufgabe als gelöst bezeichnen. Als Naturnotwendigkeit erkannt, muß das Axiom notwendig auch in Beziehung zu der die Naturgesetze heute zusammenfassenden Entwickelungslehre stehen, eine Tatsache, die ich als von vornherein bekannt, gleich an den Anfang dieser Abhandlung stellte. Damit ist aber nur gesagt, wir haben hier einen Entwickelungsschritt vor uns. Seine Folgen und damit seine Richtung brauchen an sich noch nicht bekannt zu sein. Erst wenn Folgen und Richtung logisch-hypothetisch, (dies ist vom Entwickelungsstandpunkte her gleichwertig, wie sich später zeigen wird), darstellbar werden, so ist auch der Wert des Entwickelungsschrittes für die Entwickelung gegeben. Hierfür gibt es zwei Wertmöglichkeiten: entweder der Schritt unterliegt den Entwickelungsgesetzen, oder er hebt sie auf, indem er sie zugleich erfüllt. Diesen letzteren Wert beanspruche ich für das Rhythmusaxiom. Entwickelung im streng wissenschaftlichen Sinne wird uns Spencer definieren, ebenso Rhythmus im rein naturwissenschaftlichen Sinne. Wird letzterer auf jeden Vorgang der Entwickelung im kleinsten wie im größten angewandt, und dann erst ein Gesamtbild aller Vorgänge der Entwickelung zu kombinieren versucht, so verschwindet die Vorstellung jeder, wenn auch nur mechanischen Tendenz des Ganzen, jeder Vorgang hat seinen Charakter in seiner Dauer und Intensität. Diese ergeben einen Wert im außermoralischen Sinne, einen Wirkungsfaktor im Ganzen, der durch die Rhythmuserkenntnis als plus oder minus in zugeordnete, über- und untergeordnete Vorgänge, die auch rhythmisch vorgestellt werden müssen, einzustellen ist. Dieser durch den Rhythmusgedanken bedingte Vorstellungszwang, der sich am Ende dieser Arbeit ergeben muß, ist übermoralisch,

— wir sind tatsächlich über Spencer und Nietzsche, die Beide ihre Philosophie ethisch, wenn auch in Gegensätzen, abschließen, — wir stehen dann unter dem Axiom der Ästhetik, wir stehen ästhetisch, d. h. wahrnehmend der großen Naturnotwendigkeit, selbst eine Naturnotwendigkeit, auch noch in unserm Wahrnehmen, gegenüber.

Man wird an diesem Ende der Darstellung meines Planes ungefähr verstehen, wo es hinausgehen soll, und damit bin ich meinem Vorhaben, mit offnen Karten zu spielen, treu, und dieser Teil der Einleitung hat seinen Zweck erfüllt, er soll nicht beweisen, er soll nur den Weg weisen. Ehe der Beweis aber angetreten werden kann, ist — ich kündigte es schon für diese Stelle an — noch die Erklärung des Begriffs Ästhetik, wie er hier erweitert gebraucht werden soll, Bedingung und als Vorbedingung berechtigterweise in die Einleitung hereinzunehmen. Mir die Berechtigung, einen akademisch sanktionierten Begriff, neu zu definieren und grundlegend zu erweitern, zu sichern, ersehe ich mir den Vorteil, zwei Geister für mich sprechen zu lassen, deren Autorität, wenigstens soweit ich sie hier in Anspruch nehmen will, man mir zugestehen wird: Plato und Goethe. Plato gibt mir den Begriff in seiner einfachsten, Goethe in seiner differenziertesten Form. Mit dieser Charakterisierung gebe ich den Begriff Ästhetik selber als eine Entwickelung und einen Ausdruck für das Wissen von einem inneren Vorgang, wie die Entwickelungslehre alle Begriffe betrachten muß. Plato gebraucht αἴσθησις für den „Sinneseindruck", den Anfang der Erkenntnis der Veränderlichkeit und Relativität des Wissens, darum sei er hier genannt, wenn er sich auch diesem unserm Standpunkt, den vor ihm schon Heraklit einnahm, im Theätet mit der Behauptung der Möglichkeit eines festen und beharrlichen Wissens entgegenstellte. Goethe gibt, indem er damit auch unserer Zeit posthum ist, das Entwickelungsende des Begriffes Ästhetik, er gibt als Inbegriff des Nennens, Bekennens, Empfindens alles Kleinsten und Größten das Wort Gefühl: „Gefühl ist Alles", die Spiegelung des Kosmos und des Ichs im Ich ist Ästhesie, ihre Lehre: Ästhetik. Zwischen diesen beiden Begriffsgrenzen liegt ein langer Entwickelungsgang, der von der Entwickelung des Intellekts und der Entwickelung überhaupt, nicht zu trennen, ja wohl grundlegend ist, und man wird verstehen, wenn ich aus solcher Erwägung ihn als für die Nomenklatur der Philosophie sehr wichtig erachte und ihn in dem eben entwickelten Sinne grundlegend erweitere und definiere. Ästhesie ist in diesem Sinne ein Sammelbegriff des Intellekts für alle Erscheinungsformen des Vitalen, d. h.

des Triebes oder der Kraft des Lebendigen mit oder ohne Selbstbewußtsein, deren Wesenheit er charakterisieren soll. Er gilt in
solchem sehr erweiterten Sinne als Charakter der instinktiven
Reflexhandlung einer organischen Einheit; als Charakter für die
erste Differenzierung der Reflexhandlung in aggressive und defensive, mit der auch der organische Einheitsinstinkt sich in zwei
Instinkte teilt, Lust und Unlust, hier also begrifflich mit Wille zu-
sammenfallend; als Charakter für die Gesamtheit der Vorgänge des
Bewußtwerdens und deren Differenzierungen alle: konkret — ab-
strakt, bejahend — verneinend; für Wertstufen durch Vergleichung
geschaffen, für deren Sonderergebnis: Einheit — Vielheit und die
damit wiedergegebene Logik; für die auf alledem fußende, willkür-
liche, bewußte Kritik; endlich auch für die höchsten Stufen, wo
kritische Ergebnisse unbewußte instinktive Werte werden, wo wir
mit Hilfe unseres Begriffes Ästhesie „unmotivierte Kapricen", in der
Kunst zum Beispiel, physiologisch als wahrscheinlich, oder sogar
notwendig begründen können. Alles dies systematisiert ist: Ästhetik.

# I. Teil.

Die erweiterte Definition des Begriffs Ästhetik, auch teilweise die in ihr gebrauchten Ausdrücke, deuten auf eine evolutionistisch-historische Auffassung des Begriffs hin. Wenn auch an sich eine derart durchgeführte Auffassung eines Begriffs, der Begriffe und des Denkens überhaupt, nicht als unmöglich zu bezeichnen ist, so ist weder heute in der Wissenschaft schon die Zeit, noch hier der Ort, an eine derartige Darstellungsweise zu denken, wohl aber ist es notwendig, die Ergebnisse der Naturwissenschaft und der Physiologie im besondern auch bei der Untersuchung eines einzelnen Begriffs als Grundlagen heranzuziehen; und da dort die Entwickelungsanschauung herrscht, so sind derartige Gesichtspunkte nicht völlig zu umgehen. Habe ich nun derart psycho-physiologisch in der Einleitung den Begriff Ästhetik zu definieren gesucht, so muß eine psycho-physiologische Auffassung der Entstehungsgrundlage eines Begriffes, des Denkens zunächst, ihr zu Grunde liegen. Wenn ich diese nun zu geben versuche, so befinde ich mich damit zugleich am Anfang des ersten Teils dieser Abhandlung, am Anfang der Synthese der einzelnen Teile ihrer These. Ästhesie muß mit Denken in einem ursächlichen Zusammenhang stehen. Ehe sich Denken aus Ästhesie (hier bezeichnet das Wort einen noch nicht einmal für einen bestimmten Sinn differenzierten Eindruck) differenziert, haben wir beide als Eins in der Reaktion einer organischen Einheit, etwa des Häckelschen Protogenes auf irgend einen Eindruck, über die hier nicht weiter zu untersuchen ist, genug, daß sie die niedersten Tierstufen charakterisiert. Höhere Stufen zeigen uns — ohne hier die angeregte Frage weiter zu berühren — Differenzierungen einzelner primitiver Sinne und Sinneseindrücke, wobei die Reaktionen als zugeordnete Instinkte differenziert erscheinen. Mit letzterem aber schon kommt zu dem physiologischen das psychologische Moment, wenigstens notwendig in der Bezeichnung der Charaktere. Nächsthöhere Tierstufen kennzeichnet eine primitive Unterscheidungsfähigkeit bei den instinktiven Reaktionen, die selbst noch instinktiv ist. Wir müssen hier die Ästhesie als Summe der instinktiven Reaktionen differenziert annehmen hinsichtlich ihres bisher eindeutigen Charakters, die Reaktionen unterscheiden sich als aggressive und defensive, wir kommen hier auf das Instinktive des Wollens, — ich muß zu diesem Worte greifen, obwohl es eigentlich schon psychologisch ist, die Sprache hat keine besondere Nomenklatur für die reinen Instinktvorgänge. Diese Tatsache physiologisch zu begründen, ist hier nicht die Aufgabe, es muß sich wohl um eine allmählich bestimmte Kombination der Kräfte oder Reize der Instinkte in solchen Fällen handeln, auf die wieder die Reaktion einen besonderen bestimmten Charakter erhält. Für uns hier ist wichtig, daß das Ästhetische sich dabei differenziert zeigt, eine Differenzierung, die allmählich an Bestimmtheit zunimmt, wir haben nun das ursprüngliche Willens„urteil" der Instinkte. Charakterisiert ist dieses Urteil zwischen aggressivem und defensivem Instinktwillen durch die Bedingung, die die Instinkttätigkeit überhaupt bestimmt, durch die Spannungstendenz der vitalen Kraft, womit ich die Gesamtspannung der Instinktkombination im Einzelorganismus zu dessen Erhaltung bezeichnen möchte. Die Auslösung dieser Spannung ist entweder gereizt oder gehemmt, jenes ist Lust, dieses ist Unlust. Ich betone, es handelt sich nur um Instinkte ohne Selbstbewußtsein des Einzelorganismus; daß dies da sei, ist Postulat der Psychologie auf einer höheren Stufe, hier aber sind wir nur schon auf deren Ausdrücke angewiesen und müssen von Lust und Unlust der Instinkte sprechen, obwohl nur eine Differenzierung der Reaktionen, charakterisiert einzig aus der Kräftespannung im Organischen, gemeint ist. Hiermit ist das Wesen des Ästhetischen aus der vitalen Kraft herausdifferenziert und für seine ganze Entwickelung nun bestimmt, indem es sich selbst nun weiter differenzieren kann. Halten wir nun fest: Das Ästhetische ist ein Vorgang. Es ist der Urvorgang, den die organische Kraft bei ihrer ersten Differenzierung durchmacht, in dem das instinktive Wollen entsteht, Lust und Unlust der Instinkte.

Das Ästhetische auf der Urstufe als Gesamtheit des organischen Lebens, als Sinneseindruck mit unwillkürlich folgender Reaktion, und das Ästhetische der ersten Differenzierung als charakterisierender Vorgang derselben, wie sie sich in den doppelartigen Lust- oder

Unlustreaktionen darstellt, muß als Vorgang Resultate und zwar neue Vorgänge zeitigen. Wie sich durch die „Sinneseindrücke" Sinnesorgane entwickeln, so scheint die Entwickelung des Nervensystems an die erste Instinktdifferenzierung hinsichtlich der Reaktionsart zu Instinktwillen anzuknüpfen, es muß sich notwendig ein zunächst primitiver regulativer Apparat bilden. Wenn sich so anfangs Physis und Psyche deutlich als zwei Seiten derselben Sache erst in einer Differenzierung entstehend darstellen, so ist doch für höhere Stufen ebenso deutlich das regulative Phänomen des Selbstbewußtwerdens durch den Fortschritt der Differenzierung (eine interessante Bedingungshypothese hierzu gibt Nietzsche: V. Aphorism. 354) von den rein physischen Instinktphänomenen der Lust und Unlust gesondert. Sehen wir von der noch offenen Frage ganz ab, welche Teile auf den verschiedenen Entwickelungsstufen des Nervensystems in diesem für das Bewußtwerden der Lust- und Unlustreaktionen, sie immer bestimmter regulierend und zugleich weiter differenzierend, in Frage kommen, und was deren Wesen sei, und fragen wir uns nur, welche Resultate diese Seite der differenzierten Reaktionen zeitigt, so kommen wir in das Sondergebiet der eigentlichen Psychologie. Diese nun nur noch ins Auge zu fassenden Reaktionsresultate sind die Gesamtheit der Vorgänge des Bewußtwerdens, das Selbstbewußtwerden. Die Bestandteile des Selbstbewußtwerdens müssen die oben gegebenen Instinktgruppen im Gesamtinstinkt, d. h. das Vitale oder das Ich und dessen Instinktkombinationen, geordnet nach dem Regulativ, das der Instinktwille in ihnen im ästhetischen Vorgange bei dessen Differenzierung einführte, sein. Wir haben hier also, wie ich ankündigte, in dieser besonderen Abteilung von Resultaten des Vorgangs der ästhetischen Differenzierung, die ich psychophysiologisch darzustellen versuchte, zugleich den ersten Teil der Deduktion meiner These, das Denken als ästhetischen Vorgang anzuerkennen, da seine Ordnung einzig auf den Kontrasten der Lust- und Unlustinstinkte ursprünglich beruhen muß.

Wenn es mir erlaubt ist, die eben gegebene Darstellung der Elemente unseres Denkens ohne jede hypothetische Verbindlichkeit einmal, woran ich bei der Schwierigkeit hier zu analysieren manchmal wider meinen Willen streifte, als Entwickelung aufzufassen, so könnte man nun die Bestandteile des ursprünglichen Denkens aus einem solchen Entwickelungsgange ablesen, und daraus weiter alle Denkvorgänge parallel entwickeln. Aus mehr als einem Grunde und Bedenken muß ein derart hypothetisches Systematisieren unterbleiben, für meinen speziellen Zweck hier müssen auch Fragen, die nicht so ins Weite gehen, wie weit Tiere Denkfähigkeiten haben, welche davon und auf welchen Stufen diese dort zu finden oder anzusetzen wären, auch die Umgrenzung eines Urmenschenbewußtseins und dessen Fähigkeiten, unerörtert bleiben. Auch auf eine Aufzählung der Denkvorgänge selbst muß hier verzichtet werden, ich kann nur deren hauptsächliche Wesensunterschiede, die einer Klassifikation etwa zu Grunde zu legen wären, geben. Zunächst müssen die elementaren Denkvorgänge konkreten Charakter haben, dann müssen sie, als zu jener Lebensstufe zugeordnet, auf der das Ästhetische als Charakteristikum der Instinktreaktion diese in zwei Arten differenziert, gegensätzlich sein, Kontraste. Es ist zu betonen, daß hier keine Zweiheit als bewußt angenommen ist, denn die Zahl ist eine Abstraktion, sondern nur das Gefühl des Gegensätzlichen. Hiermit ist deutlich wieder die einzig ästhetische Grundlage des Denkens erkennbar. Hierauf nun fußt der primitive dogmatische Denkvorgang, Wahrnehmung und Kontrastwahrnehmung, das konkret-dogmatische Denken. Dogma und Wahrnehmung sind dasselbe (Nietzsche weist einmal darauf hin, daß Wahrnehmen immer essentiell nur ein Für-Wahr-Nehmen sei, womit er den Sinn wohl, aber nicht die Etymologie trifft). Durch wiederholtes Bewußtwerden einer (natürlich nur annähernd) gleichen Wahrnehmung differenziert sich in diesem selbst ein besonderer neuer Denkvorgang, das Gedächtnis. Die ästhetische Grundlage hierfür ist klar, der Instinktwille der Lust oder Unlust, d. h. die Reizung oder Hemmung der Spannung im Ich wird durch Wiederholung annähernd gleicher Fälle bestimmter und dadurch eine besondere Art von Reaktionen, eben die Wiederholungen, rascher und sicherer. Schon an dieser Stelle muß ich mich gegen Nietzsches „Willen zur Macht" einmal wenden im Interesse meines Begriffs Ästhetik. Das eben Dargelegte meint Nietzsche, wenn er sein Schlagwort im umfassendsten und klarsten Sinne einmal anwendet, es sind dann aber nicht nur die Worte „Wille" (ich gebrauche es nur aushilfsweise) und „Macht" unglücklich, sondern auch ihre Verbindung falsch, denn „Macht" (Spannung) ist bedingend für Willen, und Wille selbst ist schließlich nur eine differenzierte Form der Spannung, darum sage ich „Ästhesie" und kann es als identisch mit Spannung, die ja erst durch Reizung aus einem latenten Zustande heraustritt, wie auch als differenziert in den als Reizung und Hemmung verschieden antwortenden Reaktionen gebrauchen. Man verzeihe diese Abschweifung, sie ist hier im Interesse der späteren Ausführungen eingefügt. Im Gedächtnisvorgang nun, der natürlich nur hier nachsteht, im Bewußtwerden aber der konkreten Dogmenbildung parallel zu denken ist, gewinnen die Denkvorgänge durch Häufung der Wiederholung den abstrakten Charakter. Diese Differenzierung des Denkvorgangs konkret-abstrakt, die auf ästhetischer Grundlage ruht und diese wieder in einer Differenzierung zeigt, kompliziert sich nun weiter durch eine Unterdifferenzierung, die auch den ästhetischen Vorgang wieder differenziert. Wahrnehmungen und Kontrastwahrnehmungen häufen sich im Gedächtnis an. Gradverschiedenheiten untereinander, abgesehen von der Grundverschiedenheit von Gegensätzen, d. h. von Lust oder Unlust erregenden Wesensunterschieden, führen zur Vergleichung. In der Vergleichung haben wir die Bedingung zur Ordnung der Dogmen, womit sie uns nun als ästhetisches Phänomen sofort klar ist, die Dogmen werden gewertet: Begriffe; sie entstanden als Dogmen aus einer Wertsetzung für Spannungsauslösungen durch den Instinktwillen, hier nun, wenn auch ein gleicher Vorgang zu Grunde liegen muß, sind wir doch auf so differenzierter Stufe, daß ein Parallelvorgang im Bewußtwerden ihn vollständig verdeckt, es wertet hier der Ichinstinkt, das wichtigste Dogma selber. Wir sehen bei dieser Gelegenheit ein Sondergebiet von Denkvorgängen sich abzweigen. Die sich ergebenden Reihen abgestufter Gegensätze von Gleichem und Ungleichem fußten auf einem Grundgegensatze von Einheit und Vielheit, es entsteht der Zahlbegriff; mit dessen Hinzukommen zu Wahrnehmung und Gedächtnis haben wir die Komplikation der Denkvorgänge, die wir als logisches Denken bezeichnen. Vergessen wir hier nicht, daß das logische Denken nur als ein besonderer Zweig jener ästhetischen Differenzierung erscheint, wo das dogmatische Denken einem intellektuellen Wertungsvorgange vom Ichdogma her unterliegt. Dieser Wertungsvorgang ist der kritische, die logische Kritik ist nur eine besondere, eine besonders einfache Art davon, dies ergibt der ästhetische Anschauungsstandpunkt. Kommt zu derartig kritischen Wertungsdenkakten durch Wiederholung — ich darf wohl auch Vererbung mit anführen — Gedächtnis hinzu, so haben wir auch hier eine Vorgangsparallele von konkretem und abstraktem kritischem Werten. Endlich ist noch eine Differenzierung des Ästhetischen hier aufzustellen und ihre Wirkung in Form eines wieder veränderten Denkvorgangs anzuschließen. Der Denkvorgang zunächst ist der eines Urteils mit Werten ohne kritisch bewußt gewordene Gründe, es ist das Denken, wie wir es auf gewissen Gebieten in der Kunstästhetik antreffen, wie es sich aber auch in dem Goetheschen Worte „Gefühl ist alles" souverän geworden zeigt. Der Charakter dieses Denkens ist der dogmatische, wenn auch in sehr differenzierter Art. Bringen wir hier Gedächtnis und Vererbung herein, so haben wir auch hier die Möglichkeit der konkret-abstrakten Vorgangsparallele. (Evolutionisten, die nicht Spencers Reformstandpunkt teilen, machen an dieser Stelle Zukunftshypothesen über Denken als spiralig aufsteigend, Schraube ohne Ende, hier wird die später zu gebende Rhythmusidee ein Veto einlegen). Fragen wir nach der hierfür grundlegenden Differenzierung des Ästhetischen in unserem Sinne, so könnte Verschiedenes, leider nur für Kunstästhetik, und auch hier ganz unsystematisch Aufgestelltes von Nietzsche angeführt werden, der sich mit dem Gedanken einer Physiologie der Kunstästhetik getragen hat; doch ist alles zu unbestimmt. Das Faktum, das physiologisch zu begründen ich nicht unternehmen kann, ist, daß Bewußt-Kritisches unbewußt-instinktiv wird, und damit sind wir zurückverwiesen auf das Ästhetische in der ersten Differenzierung als Instinktwille sich manifestierend in Lust oder Unlust. Dies ist das Inventar der Charaktere unserer Denkvorgänge, auf ästhetische Grundlage gestellt.

Wie wir nach Darstellung der Differenzierung des Ästhetischen aus dem nur einfach reagierenden Gesamt-Ich nach den Resultaten dieser Differenzierung fragten, und nach psychologischer Abgrenzung das Gebiet des Denkens, als aus lauter Folgeresultaten sich darstellend, erkannten, fragen wir nun wieder nach deren Resultaten und kommen damit synthetisch zum zweiten Punkte unserer These, zum Wissen. Fassen wir zunächst kurz die Notwendigkeiten aus dem bisher Gesagten zusammen. Auch Wissen muß ein Vorgang sein, ein Denkvorgang, und damit steht Wissen von vorn herein auf ästhetischer Grundlage. Suchen wir dem Wissensvorgang beizukommen, so finden wir eine besondere Kombination zweier Denkvorgänge als seine Bedingung der einfachsten Form: Ein Gedächtnisvorgang für ein Konkretum muß im Vergleichungsvorgang bewußt kritisch als sich immer (annähernd) gleich, eine Identität darin erkannt werden. Wissen ist also ein Vorgang, die Sprache aber betrachtet es so einseitig als Manifestation eines absoluten Seins, daß diese ästhetische Auffassung ganz unmöglich für eine Darlegung der Einzelresultate der Denkvorgänge durchführbar ist, und man mir nachsehen muß, wenn ich es zunächst als absolut, nur immer mit Hinweis auf die ästhetische Grundlage, hinstelle. Ich muß mich natürlich an die voraufgehende Darstellung der Denkvorgänge anschließen, kann auch hier nicht etwa Stufen abgrenzen für Tier oder Urmensch, überhaupt nicht irgendwie evolu-

tions-hypothetisch arbeiten, sondern nur auf der Spur jener Darlegung die Wesensunterschiede, die einer Klassifikation oder Ent-
wickelungsdarstellung zu Grunde zu legen wären, geben. Wir
haben Wissen in der Form von Begriffen, die, wie ich oben zeigte,
erst auf der Stufe des kritisch wertenden Bewußtseins möglich sind.
Vorher ist alles Dogma, d. h. Vorstellungszwang, erst in dieser
Komplikation der Differenzierung ist die Möglichkeit gegeben, diesen
Zwang zu brechen. Betrachten wir dies ästhetisch, so ist die Antwort auf das hier auftauchende Warum sofort gegeben. Die Instinkt-
spannung hat unter dem Zwang aller Dogmen eine kontinuierliche
intensive Hemmung, die zugleich eine intensive Reizung zur Auslösung darstellt, wenn nun hierin alles Bewußtwerden liegen soll,
so muß vor allem diese Erscheinung, die Hemmung und Reizung
zugleich, als auf die Instinktgesamtheit bezogen, darstellt, bewußt
werden, dies Bewußtwerden ist die einzigmögliche Auslösung selbst,
wir haben das Selbstbewußtsein, die Uridentität, die Grundlage
alles Wissens, d. h. aller kritisch bewußtgewordenen Identitäten.
Bedenken wir, daß diese Hemmung als Reizung bei allen anderen
einzelnen Hemmungen oder Reizen grundlegend als kontinuierlich
mit sich geltend machte, so ist klar, daß Selbstbewußtsein, dieser
kritische Grundwissenswert, auch allem Denken und Bewußtwerden,
aus dem sich dann das Wissen weiter ergibt, zu Grunde liegen muß.
Dies Wissen ist Vorbedingung, um aus allem dogmatischen Vorstellungszwang ein Wissen zu machen. Wir haben also an dem
Endpunkt unserer Darstellung der Denkvorgänge, dem kritisch
wertenden Bewußtwerden (die unbewußte Wertung hat ja mit Wissen
nichts zu tun) anzuknüpfen, und zwar mit dem, in seinem ästhetischen Entstehungsvorgang oben angedeuteten Wissenswerte des Ichs.
Wissen ist also Werten mit einem Grundwerte, also ein Vorgang,
als dessen Agens wir nur die Instinkte ästhetisch ansetzen können.
Ich habe schon früher immer von Dogmen gesprochen, immer aber
nur in dem Sinne als Zwang der Instinkte zu einer bestimmten
Reaktion, was ich als Vorstellungszwang auch bezeichnete. Die
Vorstellung war aber einzig bindend für die Instinkte, die das
ganze Ich auf dieser Differenzierungsstufe darstellen. Ich habe
jetzt wieder von Dogmen zu reden, es sind dies nun die für das
Ich auf seiner Wertung gegründeten; der Zwang liegt also
nicht mehr in den Instinkten, diese sind Herr geworden, sondern
in dem Ichwerte, in dem die Instinkte nun ihr Werkzeug haben.
Treten wir nun den Weg vorwärts durch die Darstellung der
Komplikationen, aus denen logisches Denken entsteht, an; da diese

selbst dort logisch entwickelt ist, wird es uns leicht sein, das Wissen über die einzelnen Punkte festzustellen und auf die schon gegebene ästhetische Grundlage des Wissens zurückzuführen. Halten wir fest, daß der Wert des Wissens ein kritisches Bewußtsein von einer Gleichheit oder Identität (beide können ja nur annähernd gefunden werden) ist, und daß, da immer Gedächtnis Mitvoraussetzung des Wissens ist, somit wir nur Abstraktionen als Wissen finden können, Wissenswerte also: abstrakte Identitäten. An dem Punkte, wo ich die Differenzierung der Gesamtspannung der Instinkte in defensive und aggressive dartat, mußte ich zu psychologischen Ausdrücken schon greifen. Ich stellte dort ästhetisch zwei Kontrastvorgänge, Lust und Unlust der Instinkte dar, das was sich dabei als Wissen ergibt, ist der Kontrast von Ich und Nicht-ich, zwei abstrakte Indentitäten, d. h. diese Vorgänge haben die Eigentümlichkeit, auf die Instinkte gleichförmig zu wirken. Hierin haben wir deutlich das Ästhetische am Wissen von Ich und Nicht-ich. Ebenso scheint der bestimmte Sinneseindruck eine Gewißheit zu geben, wir haben aber ästhetisch betrachtet nur eine konstante Bestimmtheit von Instinktreaktionen. Ich ging nicht weiter auf die Sinnenwelt vom ästhetischen Standpunkte her ein, sondern beschränkte mich auf die psychischen Erscheinungen, die ich ästhetisch auf den regulierenden Nervenapparat zurückführte, und dessen Entstehung ich als notwendig an die Instinktspannungen anknüpfte. An dieser Stelle bereits mußte ich das nun auch ästhetisch begründete Phänomen vom Wissen des Ich als regulierendes Selbstbewußtwerden postulieren. Prüfen wir nun das Wissen der Psychologie nach. Das Denken an sich als Wissenswert ist selbst nur eine abstrakte Identität, gebildet von einem komplizierten Vorgange in unzähligen Variationen, den ich in seine Elemente aufzulösen versuchte. Alles was wir von diesen Denkvorgängen wissen können, ist eine abstrakte Identität der wiederholten Vorgänge, die uns für sie einen Begriff liefert, mit dem ich sie notgedrungen früher schon bezeichnen mußte; wichtiger und grundlegender ist das für alle Gemeinsame, das Wissen von ihnen als Vorgang, das sich auf die ästhetische Grundlage, die allen gemeinsam sein muß, stützt. Wenn Nietzsche, wie ich ihn an jener Stelle zitierte, Wahrnehmen als Führ-wahr-nehmen aufstellt, so hat er damit ein Wissen über das Dogma, d. h. den Vorstellungszwang der Wahrnehmung, er erkennt es als Vorgang, er betrachtet es ästhetisch, er hat ein Wissensdogma. Dasselbe gilt für alle Denkvorgänge der Wahrnehmung, wie des Gedächtnisses. Ein besonderer Fall tritt uns noch entgegen, es ist unser eigener Standpunkt, wir haben auch ein Wissen über das Wissen: Zu Wahrnehmungs- und Gedächtnisvorgängen muß noch der kritische Wertungsvorgang vom Standpunkte des Ichbewußtseins hinzukommen. Dieses Wissen ist das ästhetische, die abstrakte Identität ist die Kräftespannung der Instinktkombination im Einzelorganismus, hiermit sind wir am Ende; der ästhetische Wert ist ein Wissen, ein Begriff, und Wissen und Begriffe sind selbst ästhetische Werte. Dies fassen wir in dem Begriffe der Kritik zusammen, der diese letzte ästhetische Stufe in ihrer Doppelheit kennzeichnet. Die Kritik erscheint gesetzmäßig, aber diese Gesetze haben einzig ihren Wert in der Anwendung des bewußten Ichs.

Das eigentümliche Phänomen der unbewußten ästhetischen Wertung, das ich bei der ästhetischen Darstellung des Wissens als unbewußtes beiseite ließ, und über das man doch etwas aussagen kann, eben daß es ein ästhetischer Vorgang ist, bringt uns notwendig zur Erörterung des dritten Punktes unserer These, zu der Wertfrage des Begriffskontrastes: objektiv-subjektiv. Dieses Phänomen ist für das Einzel-Ich, an dem es auftritt, unbewußt; wenn darüber etwas ausgesagt wird, so ist es dabei in irgend einem anderen Bewußtsein, d. h. es ist objektiv. Lassen wir zunächst noch die Frage beiseite, ob dies die einzige Auffassung des Phänomens ist, ob noch andere, und wie viele Auffassungen derselben Sache möglich sind. Nehmen wir dieses eine Wort „objektiv" zunächst und fragen uns, was das ist. Offenbar ist es ein Wissen, es ist nur die abstrakte Identität vieler Handlungen eines beobachteten Einzel-Ichs, über deren Wesen mit dem Worte „objektiv" gar nichts gesagt ist, erst mit dem Worte Ästhetik; damit nämlich ist uns eigentlich erst gesagt, daß hier Vorgänge sind, und dies wieder wird nur ästhetisch wahrgenommen in dem Beobachter, in dem sich als Folgen des Beobachtens Vorgänge und zwar annähernd gleiche abspielen. Damit ist dieselbe Sache aber plötzlich subjektiv, in der eben gegebenen Ausführung trat an Stelle des Begriffs Objektivität der Begriff Ästhetik. „Subjektiv" ist aber also auch nicht Ästhetik selber, sondern nur deren Begriff, d. h. das Wort kann dann dafür eintreten, wenn die Vorgänge, über die ein „subjektiver Begriff" aufgestellt wird, eine abstrakte Identität aufweisen. Subjektiv-objektiv ist also nur ein Begriffs-, ein Wissenskontrast, also ein komplizierter besonderer ästhetischer Fall, ein Vorgang, der das Resultat annähernder Gleichheit vieler Vorgänge ist. Die dominierende Stellung dieses Begriffskontrastes be-

ruht darauf, daß er unmittelbar die zum Selbstbewußtsein nötige
Begrifflichkeit selbst ist, der Kontrast von Ich und Nicht-Ich. Auf
einen dieser beiden Begriffe läßt sich jeder andere Begriff zurück-
führen, sie fassen die ganze Erkenntnis in sich. Leider ist damit
die ganze Erkenntnis wertlos, denn jeder Begriff läßt sich sowohl
subjektiv als objektiv darstellen, denn die beiden Begriffe selbst
lassen sich miteinander vertauschen. Der Grund ist der, die Vorgänge im Gesamt-Ich sind zugleich immer Ursachen und Folgen
anderer, dies ist unsere ästhetische Notwendigkeit; das Bewußtsein
aber kann immer nur einen Begriff „wissen", entweder Ursache
oder Folge, dies ist s e i n e ästhetische Notwendigkeit. Der Ab-
schnitt vom Wissen mußte viel mit Paradoxen arbeiten, Wissensdogma ist zum Beispiel ein Paradoxon und der Begriff Paradoxon
charakterisiert sich selber, der Grund dafür ist eben, daß die Erkenntnis an sich nicht feststeht, sie ist nur Gesichtspunkt, und
dieser kann wechseln; Nietzsche sagt das sehr klar, daß es für
Erkenntnis auf „verschiedene Optik" hinauskommt. Es muß also
aber etwas geben, was die Möglichkeit verschiedener Optik hat,
dies ist dann als Axiom der Erkenntnis überzuordnen.

Ich komme zum nächsten, vorletzten Punkte der Synthese.
Man weiß meine Antwort: Ästhetik ist das Axiom der Erkenntnis,
man weiß nun auch, was Ästhetik besagen will, eben noch sagte
ich „die Vorgänge im Gesamt-ich sind z u g l e i c h immer Ursachen
und Folgen anderer, dies ist unsere ästhetische Notwendigkeit".
Es handelt sich gar nicht darum, ein „Absolutes" zu suchen, dieses
Nonsens, das, wäre es auffindbar, doch nicht unbedingt, sondern
durch die Auffindung bedingt wäre. Als Axiom der Erkenntnis
genügt, was wir gefunden haben, die kontinuierliche Relation von
Vorgängen. Es ist noch die Frage, was wir zur Erklärung dieses
Axioms aussagen können, was vom Wesen der Vorgänge, was von
dem der Relationen. Die verschiedenen Differenzierungsstufen, die
wir in Ästhetik sondern müssen, und die uns über Psychologie
durch Psychophysik bis zur Physiologie führen, habe ich nun aufzustellen versucht, und bin in der ursächlichen Erklärung immer
wieder, wie ich es vorher ankündigte, auf den ästhetischen Vorgang gekommen, dessen Wesen ich klarzulegen versuchte, als den
allen Vorstellungen zu Grunde liegenden psycho-physischen Zwang
des Instinktwillens, den ich als Differenzierung der physiologischen
Ästhetik, d. h. der Gesamtreaktion der organischen Einheit hinstellte. Ästhetik als Axiom der Erkenntnis ist also dem Wesen
nach Darstellung des Moments des Bewußtwerdens selber, in jener

in ihm selbst wieder einzig möglichen Erklärung. Erkenntnis ist
das Resultat des Bewußtseins, soweit dies Begriffe bildet, Bewußtsein ist die Gesamtheit des Bewußtwerdens von Identitäten, alles
Bewußtwerden, also auch dieses, ist Vorgang, fußend auf der Differenzierung eines regulativen Apparates im Nervensystem, der sich
damit manifestiert, selbst aber ist das Nervensystem der regulative
Apparat der Gesamtreaktionen des Organischen. Alles dies faßte
ich zusammen unter dem Ausdrucke Ästhesie, der, selber ein Begriff, natürlich nur das Identische an allem bezeichnet, für das als
Ursache die „organische Spannung" Postulat ist. Auf Erkenntnis als
Lehre angewandt, bezeichnet also Ästhetik deren Wesen als Vorgang,
geltend für jeden einzelnen Erkenntnisfall. Erkenntnis als Gesamtheit aller Erkenntnisfälle muß selber auch ein Vorgang nun sein
und zwar ein- übergeordneter, wenn er auch als Vorgang, selbst
nur ästhetisch zu begründen ist. Es ist die kontinuierliche Relation
jener Vorgänge. Diese Relation erst vervollständigt das Axiom,
die Vorgänge im Gesamt-Ich sind zugleich immer Ursachen und
Folgen, diese höchste Identität, die ästhetische, ergibt als Notwendigkeit kontinuierliche Relation. Diese nun kann nur Vorstellung
sein in dem Begriff des Rhythmus. Ist Rhythmus einmal als Begriff ein Vorgang, und als Vorgang Ästhesie, so führt er uns
andererseits als Erklärung des Begriffs „Vorgang" aus den Grenzen
der Physiologie in das Gebiet der Physik.

# II. Teil.

Wenn hier schon als zweiter Teil der induktive Beweisgang in einer Analyse der These angetreten wird, so ist nicht vergessen, daß der erste Teil, die Synthese, erst völlig abgeschlossen wäre, wenn das Erklärwort des Axioms „Rhythmus" noch als Bewegung unter ihre physikalischen Gesetze gebracht und damit ausführlich dargelegt worden wäre. Doch schon der Unterteil des Titels dieser Abhandlung zeigt an, wie Spencer und Nietzsche, auf die die Induktion sich stellen wird, ihren Grundgedanken angeregt haben, als Versuch diese beiden Extreme zu vereinigen. Der axiomatische Doppelbegriff findet sich angedeutet, bewußt oder unbewußt bei beiden; Nietzsche hat, wie ich im ersten Teil, dessen Gedanken durch ihn vielfach angeregt sind, mehrfach andeutete, besonders das ästhetische Moment als grundlegend für Erkenntnis festgehalten, Spencer besonders das rhythmische Moment, dabei hat Nietzsche den Rhythmusgedanken in seiner Wiederkunft des Gleichen gestreift, Spencer in seiner Psychologie und seiner Ethik das Ästhetische. Der Mangel einer systematischen Durchführung dieser Gedanken ist, wie ich nun zeigen will, der Grund, daß sie anscheinend unvereinbare Gegensätze sind. Wenn ich nun die Synthese, ohne eine nähere Erklärung des Rhythmusgedankens zu geben, abbrach, so geschah dies deshalb, weil ich den Gedanken aus Spencers System, dem ich ihn ja verdanke, heraus entwickeln will. Ich werde nun Spencer selbst sprechen lassen, auch sich selbst widersprechen, und beginne dann auch schon mit der Parallelstellung Spencer-Nietzsche, indem ich dann auf Nietzsches Rhythmusästhetik eingehe.

Um den Spencerschen Gedanken des Rhythmus, von dem er

2*

selbst sagt (autorisierte deutsche Ausgabe von B. Vetter, XI Bände 1875—97 I, S. 257): „Mehrere Jahre glaubte ich mit der Ansicht, daß alle Bewegung rhythmisch sei, allein zu stehen, bis ich entdeckte, daß auch mein Freund Professor Tyndall diese Lehre verteidigt", darzulegen, muß ich kurz die Grundlagen seines Systems geben. Ich bin mir wohl bewußt, und komme auch fernerhin im Text darauf, daß Spencer die Prämissen und Postulate des Denkens und aller unserer Vorstellungen nicht so klar und einfach darstellt, wie ich es hier, zugleich auf den Fortgang meines Thesenbeweises bedacht, versuche, sondern sich in Widersprüche, oder besser Undeutlichkeiten durch die Sprache leiten läßt; auch er stolpert über das „Absolute", gerade bei seinen Postulaten Unerkennbares und Kraft, die ihm bisweilen Eins und ein „Absolutes" sind. Unsere Kritik dafür kann im Interesse der Arbeit kurz sein. I, S. 96 sagt Spencer „Wir haben gesehen, wie die Behauptung, daß all unser Erkennen im eigentlichen Sinne des Wortes relativ ist, die weitere Behauptung in sich schließt, daß es ein Nicht-Relatives gibt." Nein! Wenn Relation das Gesetz des Denkens ist, so kann das Denken sein Gesetz nicht aufheben, denn, wenn es dazu die Negation setzt, so wird doch Relation durch Relation negiert. Nonsens. Es gibt eben kein Ja und Nein der Relation gegenüber, sie ist Axiom, psychophysiologisch betrachtet ist sie dann Bewegung, und diese erkenntnistheoretisch wieder behandelt ist Rhythmus. Spencer führt die ganze Philosophie auf die Kraft zurück, die sich am Stoff als Bewegung, in der Form von Raum und Zeit vorstellbar, und damit begrenzt, offenbart; als die Ursache der Kraft muß er, da wir alles nur bedingt denken können, ein Agens setzen, dies bezeichnet er als das Unerkennbare, eine die Begrifflichkeit ablehnende Negation, womit er alle Metaphysik ausschließt. Die Offenbarungen der Kraft nun zwingen uns, das Postulat des „Fortbestehens der Kraft" aufzustellen. (I, S. 193) „Die Gleichheit von Wirkung und Gegenwirkung gilt vom Anfang bis zum Ende jeder Beweisführung für unumstößlich; zu behaupten, daß Wirkung und Gegenwirkung gleich und entgegengesetzt sind, heißt aber behaupten, daß die Kraft fortbesteht." Es liegt nahe, von hier aus über das „Unerkennbare" zu spekulieren, obwohl es als „undenkbar" gegeben ist, und Spencer macht auch gelegentlich diesen Fehler, wie dieser gelegentlich auch Kant unterläuft, er spricht von absoluter Wirklichkeit (I, S. 168): „Die Kraft, wie wir sie erkennen, kann nur aufgefaßt werden als eine gewisse bedingte Wirkung der bedingungslosen Ursache, als die relative Wirklichkeit, die uns auf eine absolute Wirklichkeit hinweist, durch welche jene unmittelbar erzeugt wird." Dieser Mangel logischer Sauberkeit, die wahrnehmen müßte, daß jeder Hinweis oder Weg zum „Absoluten" ein Nonsens ist, weil damit sofort Bedingungen für das Unbedingte da sind, ist aber für Spencer nur vorübergehend, eine Wortverführung, tatsächlich ist ihm alles Begriffliche Relation und die Relation die einzige Wirklichkeit, denn er fährt an dieser Stelle fort: „Und hier sehen wir in der Tat noch deutlicher ein als vorher, wie unvermeidlich jener geklärte Realismus ist, dem uns die kritische Untersuchung schließlich in die Arme führt. Nachdem wir alle Verwickelungen beseitigt und allein die Kraft ins Auge gefaßt, werden wir durch die Relativität unseres Denkens unwiderstehlich dazu gedrängt, uns einen unbestimmten Begriff von einer unbekannten Kraft, als dem Korrelativum der bekannten Kraft zu bilden. Noumenon und Phaenomenon stellen sich hier in ihrer ursprünglichen Beziehung als die beiden Seiten derselben Veränderung dar, von denen wir die erstere für ganz ebenso wirklich ansehen müssen, wie die letztere." Dieser Standpunkt (I, S. 158) „Wirklichkeit ist Fortdauer im Bewußtsein" (ich möchte nur nebenher auf das Ästhetische dieser Anschauung hinweisen), angewandt auf das Postulat des Fortbestehens der Kraft, zeigt Spencer dieses als Bedingung für die vier Wirklichkeitsgrundbegriffe Raum, Zeit, Stoff und Bewegung. (I, S. 169) „Eine unbekannte Ursache der bekannten Wirkungen, die wir Erscheinungen, Gleichheiten und Verschiedenheiten zwischen diesen bekannten Wirkungen nennen, und eine Sonderung der Wirkungen in Subjekt und Objekt — das sind die Postulate, ohne welche wir nicht denken können. Innerhalb jeder der gesonderten Gruppen von Kundgebungen finden sich wieder Gleichheiten und Verschiedenheiten, und diese führen zu sekundären Sonderungen, welche ebenfalls unerläßliche Postulate geworden sind. Die lebhaften Kundgebungen, die das Nicht-Ich darstellen, hängen nicht bloß einfach unter sich zusammen, sondern ihr Zusammenhang ist von bestimmter unabänderlicher Art und unter den das Ich darstellenden schwachen Kundgebungen, welche Erzeugnisse der lebhaften sind, finden sich entsprechende Arten des Zusammenhangs. Diese Arten des Zusammenhangs, in denen die Kundgebungen unabänderlich sich darstellen und unter welchen sie deshalb auch unabänderlich vorgestellt werden, nennen wir, wenn für sich betrachtet, Raum und Zeit, und wenn in Verbindung mit den Kundgebungen selbst betrachtet, Stoff und Bewegung. Das innerste Wesen dieser Arten ist ebenso unbekannt, wie das innerste

Wesen dessen, was sich kundgibt. Allein genau dieselbe Bürgschaft, die wir für die Behauptung haben, daß Subjekt und Objekt gleichzeitig bestehen, bietet sich uns auch für die Behauptung, daß die lebhaften Kundgebungen, die wir als objektive bezeichnen, unter gewissen unwandelbaren Bedingungen existieren, welche durch die unwandelbaren Bedingungen unter den subjektiv genannten Kundgebungen versinnbildlicht werden." Zunächst gibt diese Stelle wieder deutlich, wie Spencer alle Begriffe und die ganze Erkenntnis auf das ästhetische Axiom stellt, für das er als Postulat die Kraft setzt und deren Korrelat das Unerkennbare, beide aber außerhalb der Erkenntnis und in dem ästhetischen Axiom selbst begründet als Postulate, — dies ist festzuhalten, — fortbestehend. Man wird hier zugestehen, wie wichtig eine zusammenhängende deduktive Darstellung des Ästhetischen als Axiom der Erkenntnis war; erst damit ist möglich, einfach zu zitieren, und dadurch ein klares Verstehen des Spencerschen Grundgedankens zu ermöglichen in einer möglichst knappen Darstellungsform. Ich gebe einen weiteren Beleg für die Notwendigkeit des Fortbestehens des unerkennbaren Postulatkorrelats Kraft und Unerkennbares. (I, S. 195) „Unsere Unfähigkeit ihre Begrenztheit vorzustellen, ist bloß die Kehrseite unseres Unvermögens, in dem denkenden Subjekt ein Ende zu setzen, so lange es noch zu denken fortfährt. Die Unzerstörbarkeit des Stoffes und die Fortdauer der Bewegung sind Folgerungen aus der Unmöglichkeit, im Denken eine Beziehung zwischen Etwas und Nichts herzustellen. Was wir die Herstellung einer Beziehung im Denken nennen, ist der Übergang des Inhalts des Bewußtseins von einer Form in eine andere. Zu denken, daß Etwas zu Nichts wird, würde also bedeuten, daß dieser Inhalt des Bewußtseins, der eben noch in einer gegebenen Form vorhanden war, gleich darauf keine Form annehme, d. h. aufhöre Bewußtsein zu sein. Was sich für Stoff und Bewegung als richtig erwies, ist in noch höherem Grade richtig für die Kraft, aus welcher unsere Begriffe von Stoff und Bewegung aufgebaut werden. In der Tat ist, wie wir sahen, die in ihnen gegebene Kraft dasjenige, was in Stoff und Bewegung unzerstörbar ist. Und wie wir hier sehen, stellt die Wahrheit, daß die Kraft unzerstörbar ist, nur die Kehrseite der Wahrheit dar, daß die unerkannte Ursache der im Bewußtsein ablaufenden Veränderungen unzerstörbar ist. So daß also das Fortbestehen des Bewußtseins zu gleicher Zeit unsere unmittelbare Erfahrung vom Fortbestehen der Kraft ausmacht und uns die Notwendigkeit auferlegt, unter der wir uns befinden, ihr Fortbestehen zu behaupten."

Hiermit haben wir das Postulat und seine ästhetische Begründung, d. h. seine Begründung in Ästhetik als Axiom der Erkenntnis; unter diesem Postulat, als unter seinem allgemeinsten Gesetze steht Spencers ganzes System der Philosophie, alles kommt für ihn endlich auf die Frage zurück: was und wie erkennen wir hier. Ich fasse diesen ästhetischen Ausgangspunkt, den ich der kürzesten Einfachheit wegen in längeren Zitaten klarlegte, nun hier zusammen: Wirklichkeit ist Fortdauer im Bewußtsein. Alle Wirklichkeit, bis zur ästhetischen Grundlage zurückgegangen, also auch die „Fortdauer im Bewußtsein", hat als Ursache Stoff und Bewegung, die damit für uns, zu uns relativ sind. Beide aber müssen wir aus gleichem Grunde als fortbestehend, damit zu Postulaten mit gleicher Eigenschaft im übrigen aber uns unbekannt, Kraft und das Unerkennbare, führend, ansetzen. Als an die Erkenntnis gebunden, werden sie uns begreiflich, vorstellbar, zugleich aber begrenzt, bedingt; Raum und Zeit. Von diesem Punkte aus, der im tiefsten Sinne ein Standpunkt ist, geht Spencer nun auf die Form der Offenbarung der Kraft als Stoff und Bewegung, in Raum und Zeit begreifbar werdend, ein. Er gibt folgende Erklärung (I, S. 227): „Allgemeinen Druck annehmen, heißt doch offenbar die Annahme eines unendlichen Plenums, eines unbegrenzten Raumes voll von Etwas, das überall von etwas außerhalb Liegendem gedrückt wird; und diese Annahme läßt sich nicht geistig verwirklichen. Daß allgemeine Spannung das unmittelbar wirkende Prinzip sei, aus dem die Erscheinungen hervorgehen, — gegen diese Idee kann ein ähnlicher ebenso verhängnisvoller Einwand erhoben werden. Und wie sehr auch die Behauptung, daß Druck und Spannung überall nebeneinander bestehen, ihrem Wortlaute nach verständlich ist, so sind wir doch nicht im stande, uns wirklich ein allerkleinstes Stoffteilchen vorzustellen, das ein anderes anzieht und zu gleicher Zeit abstößt. Gleichwohl ist es dieser letztere Glaube, den wir festzuhalten uns genötigt sehen (ästhetisch, man lese die Stelle ausführlich nach). Der Stoff läßt sich nur vorstellen als Kräfte der Anziehung und Abstoßung kundgebend." Aus dem Postulat dieser Kräfte der Anziehung und Abstoßung nun resultiert ein weiteres für das Postulat der Bewegung: deren Richtung. An dieser Stelle hätte Spencer nun ganz streng festhalten müssen, was er in der eben zitierten Stelle erkannte, daß, wenn wir an die Frage der Vorstellbarkeit der Wirkungen der Kraft herangehen, wir immer in den Grenzen von Raum und Zeit sind, d. h. der ästhetische Standpunkt darf nicht aus dem Auge verloren werden. Die Linie einer Kräftewirkung ist eine Vorstellung, die wichtigste Vorstellung, die ich auch in der These meiner Arbeit zu Grunde legte. Diese Arbeit hat sich damit weiterhin gegen den Mangel des strengen Festhaltens an seinem bis hierher dargelegten Standpunkte bei Spencer zu richten, der sich schon im nächsten Zitat zeigen wird und dem ganzen System verhängnisvoll geworden ist. Spencer sagt über die Linie der Richtung der Kräftewirkung, die als resultierende Kraft zweier Kräfte Postulat, als Linie Vorstellung ist (I, S. 229). „Wo nur anziehende Kräfte in Frage kommen oder vielmehr allein berücksichtigt werden können, findet die Bewegung in Richtung ihrer Resultanten statt, welche man in gewissem Sinne die Linie stärkster Anziehung nennen kann. Wo nur abstoßende Kräfte in Frage kommen oder vielmehr allein berücksichtigt werden können, findet die Bewegung wieder längs ihrer Resultanten statt, welche man gewöhnlich als Linie des geringsten Widerstandes kennt. Und wo sowohl anziehende als abstoßende Kräfte in Frage kommen oder vielmehr berücksichtigt werden können, da findet die Bewegung längs der Resultanten aller der Anziehungen und Abstoßungen statt. Streng genommen ist dies letztere Gesetz allein richtig, da ja der Annahme zufolge beiderlei Kräfte überall in Tätigkeit sind. Sehr häufig jedoch überwiegt die eine Art von Kraft so außerordentlich, daß die Wirkung der anderen Art außer Berücksichtigung bleiben kann." Zunächst ist hier nochmals ausdrücklich festzustellen, die Kräfte an sich sind nur Postulate. Sobald es sich aber um die Erkenntnis handelt, für deren Erklärung jene Postulate aufgestellt wurden, sobald wir die Frage der Vorstellbarkeit hinzubringen, so sehen wir uns in Raum und Zeit gebunden, wir kommen auf den ästhetischen Standpunkt und in Begrenztheit. Die Kräfte werden als Vorstellungen Bewegungen auf vorstellbaren Richtungslinien, dies besagt eben, daß Raum und Zeit unlösbar hinzutritt. Nun ist eine unendliche Linie als Vorstellung, d. h. in Raum und Zeit unmöglich. Zu diesem Nonsens einer unvorstellbaren Vorstellung führt Spencer, und wird geführt, durch seine Nichtberücksichtigung eines Teils seines korrelativen Kräftepostulats. Gerade mit dieser Nichtberücksichtigung hat Spencer einen für seinen strengen und klaren Vorstellbarkeitsbegriff unmöglichen Begriff hingestellt und schließlich auch — Soziologie und Ethik baut er überhaupt darauf auf — geglaubt; er wird Evolutionist mit einem Ideal. Das, was er vernachlässigt, obwohl er es theoretisch selbst als resultierendes Axiom aus seinen Postulaten aufstellt für die Erkenntnis und ihren ganzen Inhalt, ist die Grundvorstellung von der Be-

wegung, auf der, wenn auch nicht in sich, so doch in ihre ursprüngliche Richtung zurücklaufenden Linie, — vom Rhythmus.
Der Bewegung des Rhythmus überall nachzugehen, halte ich für
die grundlegende Forderung der Philosophie, ihre Daseinsbedingung.
Mit ihr beginnt alle Vorstellbarkeit; da die Kraft und das Unerkennbare, wie ihr Fortbestehen in Bewegung und Stoff an sich
unvorstellbar sind, so ist Rhythmus, die begrenzte Bewegung, damit das Fortbestehende in Raum und Zeit der oberste Erkenntnis-
inhalt. Alle Wissenschaften kommen schließlich in ihren Grund-
vorstellungen auf Bewegung in Raum und Zeit, auf Rhythmus;
wo im einzelnen noch diese Grundvorstellung fehlt, da ist die
Pionierarbeit einer Einzelwissenschaft noch nicht beendet, also auch
noch nicht die Zeit der Reife zu philosophischer Betrachtung. Ich
kann hier die Definition der Philosophie von Wundt: Zusammenfassung der Ergebnisse aller Einzelwissenschaften in ein wider-
spruchsloses System, als für den Rhythmusgedanken sehr wertvoll
heranziehen, ist sie an sich mit dem Worte „widerspruchslos" nur
logisch-regulativ, so liegt der Wert, nach dem reguliert wird, bei
Anerkennung der Spencerschen Postulate, dann notwendig im
Rhythmus, da Philosophie Erkenntnis im letzten Sinne ist, und
Erkenntnis der Inbegriff alles Vorstellbaren; die Grundvorstellung
aber immer Rhythmus ist, aus der ästhetischen Grundlage der
Vorstellbarkeit: Vorstellung ein Vorgang im Ich und alles Ich Vorgang, d. h. Bewegung, d. h. Rhythmus. Ich komme auf diese notwendige Verknüpfung von Rhythmus und Ästhetik zurück, wenn ich,
um die Grundvorstellung des Rhythmus zu erläutern, den ersten Punkt
meiner Parallele Spencer-Nietzsche behandelt habe; dargelegt, wie
beide den Rhythmusgedanken betrachten, ausführen und verwenden.

Für Spencer ist der rhythmische Vorgang doppelartig ge-
teilt, beide Arten sind korrelativ unter dem Fortbestehen der Kraft:
1. Entwickelung als Ausgleichung und 2. Auflösung. Die erste ist
es, die ihm bei ihrer Betrachtung ins Einzelne den Vorgang des
Rhythmus als Ganzes verdrängt, so daß er ihn schließlich ganz
aus dem Auge verliert. Ich möchte auch hier einfach von diesem
kritischen Gesichtspunkte her gesammeltes Material an Zitaten zusammenstellen. Zunächst finden wir eine zusammenfassende Darlegung des Rhythmusbegriffs (I, S. 258): „Fassen wir die bisher
erwähnten Tatsachen zusammen, so geht daraus hervor, daß Rhythmus überall da eintritt, wo ein Zusammenwirken von nicht im
Gleichgewicht befindlichen Kräften stattfindet. Wenn sich die entgegengesetzten Kräfte an irgend einem Punkte die Wage halten,

so ist Ruhe vorhanden und in Abwesenheit von Bewegung kann natürlich kein Rhythmus auftreten. Wenn aber statt des Gleichgewichts ein Überschuß von Kraft in einer Richtung vorhanden ist, wenn als notwendiges Ergebnis Bewegung in dieser Richtung erfolgt, dann muß, damit diese Bewegung in dieser Richtung gleichmäßig fortdauere, die sich bewegende Masse ungeachtet ihrer fortwährenden Lageveränderung unveränderliche Beziehungen zu den Kraftquellen darbieten, durch welche ihre Bewegung erzeugt und beeinflußt wird. Dies ist aber unmöglich. Jede weitere Fortbewegung durch den Raum muß das Verhältnis zwischen den in Betracht kommenden Kräften verändern, muß das Übergewicht der einen über die andere steigern oder vermindern, muß die Gleichförmigkeit der Bewegung verhindern. Und wenn die Bewegung nicht gleichförmig sein kann, so ist, abgesehen von durch unendliche Zeit und unendlichen Raum fortdauernde Beschleunigung oder Verzögerung (zit.: Resultate, die sich nicht vorstellen lassen) die einzige Möglichkeit: Rhythmus. Eine fernere Folgerung darf nicht übergangen werden... Wir sahen, daß die Bewegung nie absolut geradlinig ist, und hier muß hinzugefügt werden, daß infolge davon der Rhythmus notwendigerweise unvollständig ist. Ein wirklich geradliniger Rhythmus kann nur eintreten, wenn die entgegenwirkenden Kräfte genau in derselben Linie liegen, und die Wahrscheinlichkeit gegen dies Vorkommen ist unendlich groß. Um einen vollständig kreisförmigen Rhythmus hervorzubringen, müssen die beiden betreffenden Kräfte genau unter rechtem Winkel aufeinander treffen und genau in ganz bestimmtem Verhältnis stehen, und auch hiergegen ist die Wahrscheinlichkeit unendlich groß. Alle anderen Verhältnisse und Richtungen der beiden Kräfte erzeugen eine Ellipse von größerer oder geringerer Exzentrizität. Und wenn, wie es in der Tat immer der Fall ist, mehr als zwei Kräfte ins Spiel kommen, so muß auch die beschriebene krumme Linie verwickelter werden und kann sich nicht genau wiederholen. In Wirklichkeit bringt somit diese Wirkung und Gegenwirkung der Kräfte in der ganzen Natur niemals eine vollständige Rückkehr auf einen früheren Zustand hervor. Wo die Bewegung sehr verwickelt ist und besonders, wo sie in irgend einer Masse stattfindet, deren Bestandteile teilweise voneinander unabhängig sind, da läßt sich so etwas, wie eine regelmäßige Kurve nicht länger verfolgen; wir sehen nichts anderes als allgemeine Schwingungen. Und bei dem Ablauf irgend einer periodischen Bewegung ist der Betrag, um welchen der erreichte Zustand vom Ausgangszustand abweicht, gewöhnlich um so bedeutender, je zahlreicher die mitwirkenden Einflüsse waren." Bei dieser Zusammenfassung, die sonst vollkommen die Notwendigkeit des Rhythmus aus dem Fortbestehen der Kraft und seine Universalität darstellt, ist schon eine Nachlässigkeit Spencers eine „Nichtberücksichtigung" zu konstatieren. Der Schluß des Zitats will teilweise auf die rhythmische Vorstellung verzichten, Spencer tut dies später auch zu seinem Verderben, er hat hier bereits vergessen, was er zwei Seiten vorher feststellt, worauf er auch in einer Synthese der untereinander geordneten Rhythmen bald wieder kommt, eben daß Rhythmen unter- und übereinander geordnet sind (I. S. 257): „Der Rhythmus ist sehr allgemein nicht einfach, sondern zusammengesetzt. Gewöhnlich wirken verschiedene Kräfte zusammen, die Schwingungen von verschiedener Schnelligkeit verursachen, und deswegen kommt es beständig vor, daß neben den primären Rhythmen sekundäre bestehen, die durch das zeitweilige Zusammenfallen und den Gegensatz der primären entstanden sind. Doppelter, dreifacher und selbst vierfacher Rhythmus kann auf diese Weise erzeugt werden." Dieses Zugeständnis ist sehr wichtig, es genügt aber noch nicht. Später in der zusammenfassenden Darstellung des „Systems" der Rhythmen kommt er zu viel mehr als vier Unterordnungen, — ich gebe die Übersicht später tabellarisch —, dies ist der allgemein ästhetische Standpunkt, der unter dem Rhythmusaxiom erkennt. Es gibt aber noch untergeordnete ästhetische Anschauungen, das Wort sagt es schon, eine subjektive Optik, die mit objektiver wechselt und sich verwechselt. Hier wird dann ein, unter dem Rhythmus der fortbestehenden Kraft, in Raum und Zeit eben rhythmisch vorstellbar werdender, dem „Entstehen und Vergehen der Welt" sekundär oder noch weiter untergeordneter Rhythmus als primärer angesetzt. Diesem nun müßten dann — dies kann natürlich nur eine Kritik Spencers erkennen — die tatsächlich übergeordneten Rhythmen als zugeordnet mit hinein gerechnet werden, als in verschiedenen Artstadien der Entwickelung oder Auflösung gleichzeitig nebeneinander und neben dem sogenannten „primären Rhythmus" bestehend, und für einen Moment mit als einwirkende Kraft, jeder für den „primären", anzusetzen, im Verlauf der Gesamtbewegung aber sich übergeordnet umartend, wenn mir das Wort erlaubt wird, d. h. Auflösung werdend, ehe der sogenannte „primäre" sich ganz entwickelt hat, d. h. ausgeglichen ist. Dieser Einwand operiert schon mit den Doppelartbegriffen, in die Spencers Rhythmusbegriff zerfällt, ehe die Zitate dafür, die gleich folgen sollen, gegeben sind, ich wollte aber

sofort auf die Wunde weisen, wie sie sich schon in dem Lebens-
zentrum, der Darstellung des Rhythmusgedankens, also unfehlbar
tödlich für die ganze Schöpfung der Spencerschen Philosophie zeigt.

Ich sagte, daß der eine Vorstellungsteil der Gesamtvorstel-
lung Rhythmus, der Begriff der Entwickelung als Ausgleichung
sich vor jene in Spencers Bewußtsein drängend, die Ursache seiner
falschen Spekulation sei; damit jeder Leser an sich ein Experiment
mache, will ich die Ausführung dieses Begriffs Evolution als Ausgleichung bei Spencer hier in einer Zitatzusammenstellung anfügen.
Der Entwickelungsgedanke Spencers ist zunächst eine Reform des
landläufigen Entwickelungsgedankens, wie er mit „innerer Tendenz", „Wille zur Macht", „Wille zum Leben" etc. zu wirtschaften
pflegte und noch pflegt. Er nimmt Gelegenheit, dies deutlich aus-
zusprechen im ersten Bande der Soziologie (VI, S. 118): „Es
gibt ... mancherlei Gründe für die Vermutung, daß wir die heute
lebenden Menschen der niedrigsten Typen, die auch soziale Gruppen
von einfachster Art bilden, doch keineswegs als Beispiele des
Menschen, wie er ursprünglich war, betrachten dürfen... Wenn
auch die Degradationstheorie in ihrer gewöhnlichen Form unhaltbar ist, so scheint mir andererseits die Progressionstheorie, wenigstens ohne jede Einschränkung genommen, ebenso unhaltbar zu
sein... Es ist sehr gut möglich, und meiner Ansicht nach in
hohem Grade wahrscheinlich, daß Rückschritt ebenso häufig gewesen ist wie Fortschritt. Die Entwickelung pflegt man sich gewöhnlich so vorzustellen, als ob damit eine in jedem Dinge
steckende Tendenz verknüpft sei, etwas Höheres zu werden. Dies
ist jedoch eine ganz irrige Vorstellung davon. In allen Fällen wird
sie durch das Zusammenwirken innerer und äußerer Faktoren bestimmt. Dieses Zusammenwirken ruft Veränderungen hervor, bis
ein Gleichgewicht zwischen den Kräften der Umgebung und den
Kräften, welche das Aggregat jenen entgegensetzt, erreicht ist —
ein vollständiges (stabiles) Gleichgewicht, wenn das Aggregat kein
Leben besitzt, ein bewegliches Gleichgewicht dagegen, wenn das
Aggregat lebendig ist. Auf diesem Punkte hört also die Entwickelung in Wirklichkeit auf." Noch deutlicher wird die Spencersche Reformauffassung des Entwickelungsgedankens, wenn er ihn
biologisch nachprüft (II, S. 341), wo er die biologischen Einschränkungen eines „Willens zur Macht" darlegt: „Dies sind die wesent-
lichsten negativen Ursachen der Verbreitung: unorganische und
organische Agentien, welche die Räume abgrenzen, die von Organismen jeder Species bewohnt werden können... Wir müssen

die physikalischen Einflüsse berücksichtigen, welche von Jahr zu Jahr variieren ..., und welche sekundäre Ausdehnungen und Beschränkungen durch ihre Wirkungen auf andere Organismen hervorbringen. Wir müssen berücksichtigen, daß die Verbreitung jedes Organismus nicht nur durch Ursachen beeinflußt wird, welche die Vermehrung seiner Beute oder seiner Feinde innerhalb seines Wohnbezirks begünstigen, sondern ebenso durch Ursachen, welche ähnliche Resultate in den benachbarten Gebieten hervorrufen. Wir müssen be denken, daß die Kräfte, durch welche diese Grenzen aufrecht erhalten werden, auch alle meteorologischen Einflüsse in sich schließen, in Verbindung mit den unmittelbaren, oder mehr oder weniger entfernten Einflüssen beinahe aller gleichzeitig existierenden Organismen. Eine allgemeine Wahrheit jedoch bedarf noch besonderer Erwähnung ..., die Wahrheit nämlich, daß die Organismen stets bestrebt sind, sich über die Existenzsphären ihrer Genossen auszubreiten ... Eroberung eines neuen Wohngebietes ...; noch in anderer Weise: sie nehmen auch gegenseitig die Lebensweise der anderen an ... Bringen wir diese beiden Klassen von Tatsachen in Verbindung, so müssen wir sonach zugeben, daß die Grenze der Lebenssphäre jeder Spezies durch das Gleichgewicht zwischen zwei entgegengesetzten Kräftegruppen bedingt ist. Das Streben, welches jede Form hat, in andere Wohngebiete, andere Lebensweisen und andere Medien einzudringen, wird durch den direkten und indirekten Widerstand der organischen wie der unorganischen Lebensbedingungen eingeschränkt. Und diese expansiven und repressiven Kräfte, die beständig in ihren Intensitäten variieren, halten sich rhythmisch das Gleichgewicht, bedingen eine Grenze, die fortwährend zu beiden Seiten eines gewissen Mittelzustandes hin- und herschwankt." Die Stelle II, S. 372 wendet sich ebenfalls gegen den teleologischen Standpunkt „Was sollen wir sagen, wenn wir sehen, wie das Niedere das Höhere vernichtet ... Mehr als die Hälfte sämtlicher Spezies des Tierreiches sind Parasiten." An diesen Stellen sehen wir Spencer den Rhythmusgedanken zwar wohl festhaltend, aber schon die systematische Ordnung der Rhythmen durchbrechend, indem deren höchster Rhythmus, der der in Raum und Zeit nur rhythmisch im Entstehen und Vergehen der Welt vorstellbaren fortbestehenden Kraft, als Faktor, unorganische Veränderungen einführend, gesetzt wird; er setzt diesen nämlich als Faktor zu einem, in subjektiver Optik primär angesetzten, dem System nach jedoch zu jenem sekundären Rhythmus, dem Rhythmus der organischen Veränderungen. Daß er hier diese noch als

Rhythmus festhält, liegt an den zwingenden biologischen Tatsachen. Diesen verdankt er überhaupt wohl seine Reform der Entwickelungsauffassung als Ausgleich. In der Ethik läßt er alle die Störungen, von denen er eben noch sprach, die doch leicht, als eigentlich übergeordnet einen organischen Ausgleich aufheben können, ehe er zu Ende kommt, beiseite und unbeachtet; die causa prima haben wir schon hier in der subjektiv veränderten Optik für „primären Rhythmus". Zum Beleg für diese meine Vermutung, auf die ich kam, als ich in der Ethik den friedensidealistischen Menschen Spencer immer wieder die Voraussetzungsgrenzen des Systems mit dem Pathos der Persönlichkeit durchbrechen sah, sei hier, zugleich in weiterer Darlegung seiner Evolutionsauffassung, fußend und bedingt auf biologischen Tatsachen, eine Stelle angeführt, wo er die Bedingtheit durch äußere Kräfte aus der Paläontologie her darlegt. (II, S. 436) „„Jede zulässige Hypothese über fortschreitende Modifikation muß in Einklang zu bringen sein mit der Persistenz ohne Fortschritt unbestimmte Zeiträume hindurch" (Zitat Spencers nach Huxley, Vorlesung über die persistenten Typen des tierischen Lebens). Diese Resultate stehen nun vollständig in Übereinstimmung mit der Entwickelungshypothese. Bei vernünftiger Auffassung kann die Entwickelung in allen Fällen nur als direktes oder indirektes Resultat des Einwirkens von Kräften betrachtet werden. Wenn aber keine Veränderungen der äußeren Bedingungen eintraten, welche organische Veränderungen veranlassen konnten, so sind auch keine organischen Veränderungen zu erwarten. Bloß bei Organismen, welche in neue Verhältnisse gerieten, wo sie infolgedessen neue Modifikationen erlangten, die den neuen Bedürfnissen entsprachen, wird jene gesteigerte Ungleichartigkeit zu finden sein, welche die höheren Formen charakterisiert." Was er unter Steigerung der Ungleichartigkeit versteht, wird sich erklären, wenn ich sein „Entwickelungsgesetz" gebe. Zunächst möchte ich für das verhängnisvolle allmähliche Überwiegen einer persönlichen Optik über theoretisch auf Rhythmus-Ästhetik gegründetes systematisches Vorgehen weitere Belege anführen. Dieses Hereinspielen seines persönlichen Pathos zeigt, gleichzeitig mit einem Besinnen auf die Grenzen des Systems, eine Stelle, die immer noch konsequent die Entwickelung als „gelegentlich" bezeichnet, ein Wort, das die unberechenbar komplizierte Kräftekombination ausdrücken soll, die irgendwann, uns zufällig erscheinend, eintrat und eintritt um „höhere Formen" zu bedingen (IX, S. 674): „Wenn aber der Entwickelungsprozeß, welcher, durch die vergangenen Zeiten niemals stillstehend, das Leben auf seine jetzige Höhe gebracht hat, durch die ganze Zukunft noch fortdauert, was wir doch voraussetzen müssen, dann wird mitten unter all den rhythmischen Wandlungen in jeder Gesellschaft, mitten unter alle dem Leben und Sterben von Nationen, mitten unter dem Ersetzen von Rassen durch Rassen, jene Anpassung der menschlichen Natur an den sozialen Zustand weitergehen..., eine Anpassung, welche schließlich vollkommen sein wird. Die hier aufgestellte Ansicht darf nur mit gewissen Einschränkungen aufgenommen werden.... Wir werden nicht zu einem absoluten, sondern zu einem relativen Optimismus geführt. Der kosmische Prozeß bringt auch Rückschritt mit sich, ebensogut wie Fortschritt, wo die Bedingungen ihn begünstigen... Es gibt kein gleichförmiges Aufsteigen vom Niederen zum Höheren, sondern nur gelegentliche Erzeugung einer Form, welche Kraft einer größeren Tauglichkeit für kompliziertere Bedingungen fähig wird, ein längeres Leben von abwechselungsreicherer Art zu führen ... Was hiernach für organische Typen gilt, muß auch für Gesellschaftstypen gelten." Ich glaube hinweisende Worte, wie „subjektive Optik" und ähnliche, genügen, um den dauernden Zusammenhang dieser Ausführungen mit denen der These in ihren Teilen: subjektiv-objektiv, Wissen, Denken, aufzuzeigen, auf dem ja im Grunde die ganze Kritik fußt, und es wird immer leicht sein, ohne daß ich, um der klaren Darstellung willen, es als notwendig hinzufüge, jene Fäden hier hereinzuknüpfen. Ich gebe weiter ein Zitat, in dem wir die Entwickelung als Ausgleichung betrachtet zusammengefaßt haben, so wie sie eben aus dem biologischen Tatsachenmaterial für Spencer herausgesprungen sein muß, mit seinem reformierenden Vorzug und mit seinem Fehler der subjektiven Optik für das Organische als „primären Rhythmus" (II, S. 469). „Wir finden, daß der Fortschritt nicht das Resultat einer ganz eigentümlichen, den lebenden Körpern innewohnenden Tendenz, sondern vielmehr die allgemeine durchschnittliche Wirkung ihrer Relation zu den umgebenden Agentien ist, ... wir sehen, daß das Streben zur weiteren Entwickelung einfach aus den Wirkungen und Rückwirkungen zwischen den Organismen und ihren hin- und herschwankenden Existenzbedingungen entsteht. Und wir sehen ferner, daß das Vorhandensein einer solchen Entwickelungsursache unmittelbar auch als Erklärung dient für das Nichtvorhandensein der Entwickelung, wo immer dieses Hin- und Herschwanken der Wirkungen und Rückwirkungen nicht ins Spiel kommt." Der Entwickelungsgedanke, hier von der Biologie her reformiert, wird nun

zu einem allgemeinen Gesetz aller Resultate antagonistischer Kräfte, in denen das dem Organischen eigene Überwiegen der anziehenden Kräfte zu Tage tritt. Damit, denn es gibt auch ein Überwiegen abstoßender Kräfte und einen Umkehrungspunkt, wie Spencer dies auch selber zunächst noch ˙festhält, ist das Entwickelungsgesetz Spencers nur das Gesetz des einen Rhythmusteiles; seine Umkehrung muß das des anderen sein. Entwickelungsgesetz (I, S. 401) „Entwickelung ist Integration des Stoffes und damit verbundene Zerstreuung der Bewegung, während welcher der Stoff aus einer unbestimmten, unzusammenhängenden Gleichartigkeit in bestimmte, zusammenhängende Ungleichartigkeit übergeht und während welcher die zurückgehaltene Bewegung eine entsprechende Umformung erfährt.“ Mit den Schlußworten dieses Gesetzes deutet Spencer die Beantwortung der sofort aufsteigenden Frage: wie erscheint die Bewegung, die fortbestehend postuliert ist, in dem Momente, wo die Entwickelung ihr Gesetz eben ganz erfüllt? an.

Ausgleichung kennzeichnet diesen Moment als Begriff für das Resultat der Integration des Stoffes und der damit verbundenen Zerstreuung der Bewegung. Spencer stellt diesen Endzustand der Entwickelung ausführlich folgendermaßen dar (I, S. 490 ff.): „Die allgemeine Umwandlung arbeitet auf einen letzten Zustand hin, der keine weitere Abänderung ähnlicher Art zuläßt ... Da jede Bewegung gegen widerstebende Kräfte anzukämpfen hat, so erleidet sie beständig gewisse Abzüge („Vervielfältigung der Wirkungen“), und diese unaufhörlichen Abzüge führen schließlich zum gänzlichen Stillstand der Bewegung ... In jedem Falle ist das, was wir als Ausgleichung ansehen, im Grunde nur das Verschwinden einer oder mehrerer von vielen Bewegungen, die ein Körper besitzt, — ... würde die Umdrehung der Erde aufgehoben, so wäre damit noch keineswegs eine Verminderung der Bewegung der Erde in Bezug auf die Sonne und andere Himmelskörper verbunden, — während die übrigen wie bisher fortdauern ... Wenn das Aggregat eine Bewegung seiner Teile in Bezug aufeinander besitzt, der sich nur schwacher äußerer Widerstand entgegensetzt, so strebt sich ein bewegliches Gleichgewicht (Spencer nimmt den Ausdruck von französischen Mathematikern) herzustellen. (I, S. 497) Jeder Überschuß an Kraft, den das Aggregat nach irgend einer Richtung besitzt, muß schließlich zur Überwindung von Widerständen gegen Veränderungen nach dieser Richtung hin verbraucht werden, so daß nur jene Bewegungen übrig bleiben, die sich gegenseitig compensieren und dadurch ein bewegliches Gleichgebicht bilden ... Dieses

bewegliche Gleichgewicht geht mit der Zeit in das absolute Gleichgewicht über." Es ist hier wieder der Ort, die Einwände geltend
zu machen. Daß es sich schließlich um einen Umkehrungsmoment
handelt, erhellt aus dem Postulat des Fortbestehens der Kraft.
Dessen ist sich Spencer auch bewußt und zieht, vor allem theoretisch klar, daraus den Schluß, daß sowohl absolutes Gleichgewicht
nur ein Wort kein Begriff ist, als auch, daß bewegliches Gleichgewicht nur eine letzte Phase des Entwicklungsvorgangs, kein absoluter Endzustand ist. Eines aber ist ihm nicht bewußt: der Grad
der Wahrscheinlichkeit des beweglichen Gleichgewichts für das
Organische und das Überorganische (Soziale Erscheinungen) ist
ihm schon am Ende der Biologie und Psychologie, vor allem aber
in seiner Soziologie und Ethik gar nicht in Frage. Hier handelt
er über die Zukunft des Organischen und mehr wie einmal habe ich
schon darauf hingewiesen, wie er dies als primären Rhythmus hier
ansetzt im Widerspruche zu dem Rhythmussystem, wie er es, ausgehend von seinen Postulaten, vom höchsten, dem kosmischen Rhythmusbegriff aus unterordnend, darstellt. Daß übergeordnete unorganische Rhythmen, die momentan die organische Entwickelung fördern,
diese hemmen können, ja dies sehr wahrscheinlich tun werden,
ehe ein Gleichgewicht erreicht ist, daß sie parallele zugeordnete
Rhythmen beschleunigen und so indirekt hemmen können, kommt
ihm nicht in den Sinn, seine subjektive Optik hat ihm mit einer
persönlichen „Wünschbarkeit" schließlich das Gesamtbild verpfuscht.
Man erkennt hier nun induktiv als notwendig erwiesen die Doppelheit des in der These aufgestellten Axioms. Die ästhetische Grundlage der Erkenntnis muß als regulativ erkannt sein bei Aufstellung
eines Axioms der Erkenntnis und diese kann nur wirklich ein
Axiom ergeben, wenn die Ästhetik nicht unbewußt wertend bis zu
den letzten Sätzen der Erkenntnis kritisch vordringt, sondern umgekehrt muß gleichzeitig von seiten der Erkenntnis her der ästhetische Standpunkt in seinen Werten kritisiert werden, so daß schließlich sogar der axiomatische Erkenntnisbegriff noch rückwärts kritisch
auf den ästhetischen Wert anwendbar ist, und so sich, immer
wechselnd, die beiden Axiomteile als Axiom kritisch erkennen;
ich drückte das schon aus: Rhythmus ist als Axiom der Erkenntnis
Ästhetik, und Ästhetik ist als Axiom der Erkenntnis Rhythmus.
Diese Notwendigkeit ergibt sich aus Spencers System nicht als dort
das Ganze abschließender Gedanke, sondern als Ergebnis einer
durch mehr und mehr sich offenbarende Mängel hervorgerufenen
Kritik. Ehe ich noch die theoretische vollkommene Darstellung der

Rhythmen, die wir Spencer verdanken, hier zusammenfasse und damit eigentlich erst die deduktive Synthese völlig abschließe, möchte ich erst noch kurz zeigen, wie das Organische als „primärer Rhythmus" die ihm übergeordneten ganz vergessen macht, und die ihm zugeordneten gleicher Stufe —, wie zum Beispiel verschiedene soziale Möglichkeiten, gleichzeitig in verschiedenen Zonen, die einen fast ausgeglichen, die anderen in ganz unregelmäßigen Rhythmen, was notwendig bei einer Berührung den Ausgleichungsprozeß, der weiter fortgeschritten ist, hemmt oder ganz aufhebt, — gar nicht zu einer Wahrscheinlichkeitsberechnung heranzieht. Wo Spencer einmal von der Verbreitung und Erhaltung der Spezies spricht, die er wiederholt, wie später auch die sozialen Gebilde, in Parallele zu dem Einzelorganismus stellt, sehen wir die dem Organischen übergeordneten Rhythmen ihm eben aus dem Bewußtsein verschwinden und den Rhythmus als Tendenz zur Ausgleichung, wenn diese auch noch als Durchgangsstadium bewußt ist, isoliert betrachtet (III, S. 439): „Wie schon früher auseinandergesetzt wurde (I, §§ 85 und 173), so erkennen wir auch hier, daß überall, wo antagonistische Kräfte in Wirkung treten, ein abwechselndes Überwiegen beider eintritt, was dann eine rhythmische Bewegung verursacht, — einen Prozeß, der ein bewegliches Gleichgewicht in den Fällen wenigstens darstellt, wo die Kräfte nicht mit wahrnehmbarer Geschwindigkeit sich zerstreuen, oder in demselben Verhältnisse wieder ersetzt werden, wie sie sich zerstreuen." Man sieht hier, er macht noch eine Einschränkung, die Ausgleichung kann sehr leicht in absolutes Gleichgewicht übergehen, d. h. der im beweglichen Gleichgewicht befindliche Organismus ist dem Tode sehr nahe, oder durch Kräfteersatz kommt es nicht zum beweglichen Gleichgewicht — Spencer hat also die Möglichkeit einer äußeren Störung noch neben der inneren Tendenz. An einer späteren Stelle desselben Bandes aber wird ihm in besonderer Anwendung auf die Species homo sapiens die Ausgleichung zum beweglichen Gleichgewicht aus einer vagen Möglichkeit zu einem notwendig kommenden Endzustand, und mit dem Pathos seiner Persönlichkeit umarmt Spencer sein Ideal, den friedlichen, gegen sich und gegen alle gerechten Menschen. (III, S. 561) „Jedenfalls ist soviel klar, daß am Ende der Druck der Bevölkerung und die in seiner Begleitung auftretenden Übel verschwinden und einem Zustand der Dinge Platz machen werden, der von jedem Individuum nicht mehr als eine normale und erfreuliche Tätigkeit verlangt. Ein Aufhören in der Abnahme der Fruchtbarkeit bedingt auch ein Stillstehen der Entwickelung des Nervensystems, und dies wieder setzt ein Nervensystem voraus, welches all den, an dasselbe gestellten Anforderungen gerecht zu werden vermag, welches nicht mehr zu tun hat, als was ihm naturgemäß ist." Wir haben hier nicht mehr Spencers System der Philosophie, sondern Spencers ideale Forderung. Ideale Forderungen haben wohl mancher Philosophie schon zu Grunde gelegen, aber Spencer hat ja eben ganz andere Grundlagen gelegt. Wohl versucht er sein Ideal mit diesen Grundlagen in Verbindung zu bringen, er arbeitet mit dem ganzen rhythmischen Apparat, er sieht in seinem Ideal zwei antagonistische Kräfte, die Gerechtigkeit gegen sich selbst und die Gerechtigkeit gegen alle, Egoismus und Altruismus; wenn alle Menschen unter diesen antagonistischen Kräften stehen, so ist jeder ein rhythmisches bewegliches Gleichgewicht und ebenso alle zusammen, das Ideal ist Realität, es ist gar kein unmöglicher Altruismus, sondern die eigentliche soziale Natur des Menschen. Das Rhythmusgesetz scheint vor uns in seiner höchsten Erfüllbarkeit zu stehen: (IX, S. 672) „Nur eine Natur, welche alles opfern wird, die persönliche Freiheit ihrer Handlungen zu verteidigen, und von Eifer erfüllt ist, diese selbe Freiheit der Handlung andrer zu verteidigen, kann dauernd freiheitliche Einrichtungen erhalten . . . Selbst mit Beiseitelassung spezieller Beweise wird uns diese allgemeine Forderung durch eine Betrachtung des Gesetzes des Rhythmus aufgenötigt: ein Gesetz, welches sich durch alle Dinge hindurch offenbart, von den unfaßbar rapiden Schwingungen eines Ätheratoms bis zu den säkularen Störungen des Sonnensystems. Denn . . . Rhythmus ist überall das Resultat antagonistischer Kräfte. Als von einer solchen Ursache ausgehend, zeigt es sich in allen sozialen Erscheinungen." Wir sehen die rhythmische Erkenntnis angewandt, aber es fehlt die ästhetische Erkenntnis. Wohl sind auch im Sozialen die Erscheinungen bedingt aus antagonistischen Kräften, aber es ist verhängnisvoll, ungewarnt durch die ästhetische Erkenntnis um einer persönlichen Wünschbarkeit willen zu vergessen, daß diese antagonistischen Kräfte nicht etwa die eines primären Rhythmus, sondern die x-fach bedingten eines allen andern nur erkennbaren Rhythmen untergeordneten Rhythmus sind. Doch es ist nicht weiter nötig Spencer anzufeinden, nehmen wir doch von ihm die Erkenntnis, daß Rhythmus die Grundlage aller Vorstellungen ist, zu der wir später von Nietzsche her noch hinzufügen wollen, daß die Rhythmusvorstellung selbst, wie alle Vorstellungen, ästhetisch ist. Spencer selber stößt um des Rhythmusgesetzes willen einmal sein Ideal um,

**3\***

stellen wir dies Zitat hier an den Schluß der Kritik (VII, S. 370):
„Man muß sich sehr davor hüten, zu glauben, daß der Zustand
der entwickelteren Gesellschaften einst überall herrschen werde.
Wie in der organischen Entwickelung überhaupt, so hat auch in
der überorganischen Entwickelung die Entstehung höherer Formen
noch keinesweges eine Ausrottung aller niederen Formen zur Folge.“
Und (XI, S. 44): „Alle Bewegungen verlaufen rhythmisch und so
namentlich auch die sozialen Bewegungen samt den gleichzeitig
herrschenden Lehren.“ Das bewegliche Gleichgewicht bleibt damit
möglich, ohne daß der Grad der Möglichkeit weiter ins Auge gefaßt wird, es ist aber hier auch für Spencer nicht notwendig und
eindeutig, sondern alldeutig (man verzeihe das Wort) und nur ein
Mittel aus allen Deutungen, denen gegenüber man sich auf das
Rhythmussystem Spencers gründen muß. Betrachten wir nun dieses
in der Klarheit der Spencerschen theoretischen Ableitung und Aufstellung. Ausgleichung kann kein Endzustand sein, wie wir sahen,
absolutes Gleichgewicht überhaupt keine Vorstellung sein. Die Kraft
besteht fort; wenn der Stoff alle Bewegung abgibt, so daß er der
Kraft widerstandslos preisgegeben ist (Stoff und Bewegung sind
hier vorgestellt, d. h. in Raum und Zeit begrenzt), so muß aus dem
Fortbestehen der Kraft und des Unerkennbaren notwendig Stoff
und Bewegung doch fortbestehen, es leitet sich mit diesem Momente
sofort ein Prozeß ein, der notwendig dem der Entwickelung entgegengesetzt ist: Zerstreuung des Stoffes und damit verbundene
Integration der Bewegung für den sich zerstreuenden Stoff. Spencer
nannte diesen Umkehrungsprozeß Auflösung und erkannte die aus
der Umkehrung der überwiegenden Kräfte resultierende Bewegung
als Rhythmus, seine höchste Erkenntnis, die höchste Erkenntnis
überhaupt. Dieser ordnet er nun systematisch die Erkenntnisse
aller einzelnen Rhythmen unter. Ich zitierte schon die Deduktion
des Rhythmusgesetzes aus den Postulaten, ebenso die Erkenntnis
notwendiger Unterordnung der Rhythmenarten, die er sehr allgemein als vierfach darstellt:

1. universelle Rhythmen      2. 3. irdische Rhythmen

    a) unorganische      b) organische

        4. überorgan. Rhythmen.

In der Induktion ergeben sich jedoch von den beiden Haupt-
abteilungen der irdischen Rhythmen her viele neben- und untergeordnete Rhythmenarten, die sich aus Spencers Darstellung sehr
gut tabellarisch darstellen lassen:

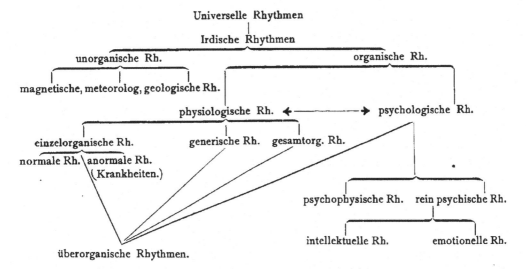

Spencer beginnt mit einer Betrachtung der universellen Rhythmen, indem er, allerdings nur allgemein, die Rhythmen des Sternen- und Sonnensystems darstellt, ihre Kombinationen und Variationen (I, S. 259 § 83). Dann kommt er zur Unterordnung der irdischen Rhythmen unter die universellen, die er alle auf von der Sonne ausgestrahlte Wärme und Licht zurückführt, wovon er unmittelbar oder mittelbar alle irdischen Vorgänge, die als Vorgänge immer rhythmisch vorgestellt werden müssen, abhängig macht, und zugleich die Einflüsse der anderen Himmelskörper als mittelbare geltend macht. Vernachlässigt man einmal diese mittelbaren, den unmittelbaren oft entgegenwirkenden als momentan überwogen — ein Beispiel eines unter veränderter Optik angesetzten „primären Rhythmus", was, wenn diese Veränderung von ästhetischer Kritik her bewußt bleibt, wohl geschehen kann, ja, um bis zum Rhythmusaxiom induktiv vorzudringen, geschehen muß — vernachlässigt man diese mittelbaren Einflüsse, so ergibt sich für irdische Rhythmen allgemein, ohne auch ihre Einflüsse untereinander zu beachten, folgendes Bild (I, S. 261). „In der Summe von Licht und Wärme, welche irgend ein Teil der Erdoberfläche von der Sonne empfängt, findet ein vierfacher Rhythmus statt: der von Tag und Nacht; der von Sommer und Winter, der, welcher durch die veränderliche Lage der Achse in der Sonnennähe und Sonnenferne bedingt wird und zu seinem Ablauf 21 000 Jahre braucht; und der, welcher aus der Veränderung in der Excentricität der Bahn hervorgeht und in Millionen von Jahren durchmessen wird." Nach Feststellung dieser Beeinflussung, unter Festhalten der Erkenntnis der Abhängigkeit hiervon, können die irdischen Rhythmen selbst nun eingeteilt und in Unterordnung zusammengestellt werden, wie ich es tabellarisch im Auszug nach Spencer gegeben habe. Die Tabelle erklärt sich selbst und ich kann nur noch hier auf die schon angegebenen Ausführungen im ersten Bande hinweisen. Besonders betonen möchte ich hier nur, daß sich in dieser theoretischen Ausführung auch die Auffassung der Ästhetik, wie sie dieser Arbeit neben dem Rhythmusgedanken zu Grunde liegt, als Rhythmus findet, und daß mit dieser Erkenntnis dann unser und Spencers Axiom im ästhetischen rhythmischen Wechsel, der Rhythmusgedanke als Gedanke ästhetisch, erkannt werden muß, wir müssen ihn als in wechselnder Optik rhythmisch variierend uns bewußt erhalten, wir können herabsteigen bis zu einem letzten untergeordneten Rhythmus, aber müssen dann notwendig wieder zurück zur axiomatischen Rhythmuserkenntnis, primär Begriff geworden aus den Postulaten des Fortbestehens. Ich beharre also bei meinem Einwand: Spencer kommt theoretisch, deduktiv analysierend zu einer auf ästhetischer Grundlage stehenden vollkommenen Theorie des Rhythmus als oberstem philosophischem Gesetz, aber synthetisch fällt er, in die Induktionen eine persönliche einseitige Optik konstant hineintragend, einer Einseitigkeit anheim, die, sagen wir es kurz, synthetisch vorgeht mit analytisch rückwärts gerichtetem Blick. Er kommt bei seiner ganzen Spekulation tatsächlich nicht zu seinem analytischem Ausgangspunkte zurück, sondern hält seinen analytischen Endpunkt „Ausgleichung zu beweglichem Gleichgewicht" fest und trägt ihn, überträgt ihn rein äußerlich in alle Induktionen, aus denen er eine Synthese aufzubauen meint, die er aber nur in umgekehrt analytischer Reihenfolge neben einander setzt. Der äußere Grund dieses Fehlers liegt in dem für das Organische ja sehr verführerischen Aufhören mit der Analyse bei beweglichem Gleichgewicht. Damit kommt er nie zur Betrachtung der Eventualitäten des absoluten Gleichgewichts, die große Komplikationen erkennen, und an sich sein harmloses Systematisieren uns bedenklich im höchsten Grade erscheinen lassen, er verfehlt dabei aber zugleich den rhythmischen Anschluß und Neubeginn der Auflösungsvorgänge, mit denen erst er rhythmisch zum deduktiv analytischen Ausgangspunkt zurückkehren könnte. Sein System ist nur ein Torso eines als Vorstellung fertigen Bildwerks, das in die Brüche gegangen ist am Ende der Biologie und Psychologie und in seiner hierauf gebauten Soziologie und Ethik; die letzteren Teile seines Systems haben ihre Bedeutung nicht als krönender Abschluß, sondern als Bruchstellen, die zeigen, wo eigentlich noch etwas sein sollte. Es gibt neben dem äußeren Grund natürlich noch einen inneren, den ich mit dem Worte Verführung andeutete, einen psychologischen, hier schon deutlicher gesagt, einen ästhetischen, auf den ich komme, wenn ich nun an Nietzsche eine gleiche entgegengesetzte Verführung aufzeige, und aus ihr den Begriff Ästhetik, wie ihn die These als Axiom fordert, heraushole. Spencers Ethik, die ich eben gegen ihn selbst einwandte, ist eine Ethik der Ausgleichung, Spencer hat ihr gegenüber selbst aber am Schlusse seiner um so wertvolleren Deduktion des Rythmusgedankens eine Ethik des Rhythmus gegeben, oder besser von unserem axiomatischen Standpunkte her gesagt, eine Ästhetik des Rhythmus, indem wir hier das Wort in einem unserer heutigen psychischen Stufe entsprechenden differenziertesten sublimen Sinne gebrauchen; er gibt den Ring der Wiederkunft des Ähnlichen (I, S. 546). „So sind wird denn zu dem Schlusse gelangt, daß alles Sein und Werden der Dinge, wie es sich in dem Aggregat des sichtbaren Weltalls kundgibt, dem gesamten Sein und Werden entspricht, das uns in den kleinsten Aggregaten entgegentritt. Da Bewegung sowohl wie Stoff in unveränderlicher Größe gegeben sind, so ist wohl anzunehmen, daß zwar die Veränderung in der Verteilung des Stoffes, welche durch die Bewegung bewirkt wird, irgendwo ihre Grenze erreicht, in welcher Richtung sie auch vor sich gehen mag, daß dann aber die unzerstörbare Bewegung wieder eine Verteilung von entgegengesetztem Charakter bedingt. Offenbar sind es die allgemein neben einander bestehenden Kräfte der Anziehung und Abstoßung, welche, wie wir gesehen haben, den Rhythmus in allen kleineren Vorgängen im Universum hervorrufen, die auch den Rhythmus in der großen Gesamtheit seiner Veränderungen verursachen, — die jetzt eine unmeßbar lange Periode herbeiführen, während welcher die anziehenden Kräfte vorwiegen und allgemeine Konzentration bedingen, und darauf eine unermeßlich lange Periode folgen lassen, während welcher die abstoßenden Kräfte vorwiegen und allgemeine Zerstreuung bedingen, abwechselnde Epochen also der Entwickelung und der Auflösung. Und so gelangen wir zu der Vorstellung von einer Vergangenheit, in welcher successive Entwickelungen, ähnlich derjenigen, welche jetzt vor sich geht, stattgefunden haben, und von einer Zukunft, in welcher successive andere solche Entwickelungen stattfinden werden, stets gleich im Prinzip, aber niemals gleich in ihrem thatsächlichen Resultat.“ Diese Stelle erachte ich für die bedeutsamste des ganzen Lebenswerkes

Spencers, als dessen Krone. In diesem schlichten Schluß, der einen
Ausblick in ewige Vergangenheit und ewige Zukunft öffnet, stiftet
Spencer die Religion der Erde und des Lebens und zwar dieser
neuen Religion angemessen hoch über allen anderen Religions-
stiftern: unbewußt; ihr Bewußtwerden ermöglicht erst der ästhetische Standpunkt. Die Wiederkunft des Ähnlichen in Ewigkeit.
Nicht die Wiederkunft des Gleichen, da wir nicht das All vorstellen
können, sondern nur das sichtbare Sternensystem begrenzt, wenn
auch unmeßbar in Zeit und Raum, und zwar hier auch nicht die
Grenzen selbst erkennen, sondern nur ihre Notwendigkeit für jede
Vorstellung; die Kraft, das Unerkennbare und ihr Fortbestehen sind
nur Postulate der Erkenntnis, nicht Erkenntnis selbst, das, was wir
als konstant erkennen, ist nur das Prinzip, nicht die Realität. Aber
alle Erkenntnis hat in der Wiederkunft des Lebendigen ihren Sinn,
denn sie selbst ist ästhetisch gesehen Leben, Bewegung, hier muß jede
Erkenntnis glauben, denn von ihr her nur kam Spencer zu diesem
Schlusse. Nicht das Einzel-Ich von der Zelle bis zum homo sapiens
kommt wieder, aber die rhythmische Bewegung, die in einer Summe
von Differenzierungen auch nur der Erkenntnisbegriff des Ichs ist,
ist ewig. Doch dies muß ästhetische Notwendigkeit als Erkenntnis-
abschluß sein, es ist hier nichts zu predigen.

Ich will nun eine Parallele zu diesem großen Denker dieses
Gedankens aufstellen, seinen Gegensatz in jeder Beziehung, auch
Gegensatz in dieser Idee der ewigen Wiederkunft, der dessen
ästhetische Seite erkannte, d. h. ästhetisch erkannte, und die rhythmische Vorstellung, ohne sie selbst als Vorstellung zu haben,
falsch gesehen unter ästhetischem Vorstellungszwang, als Dogma
hinstellte, der das Leben rechtfertigen wollte und aus dem Leben
selber rechtfertigen wollte, und dazu sich eine Predigt fand oder
erfand: Friedrich Nietzsche, der Prediger der Wiederkunft des
Gleichen: Eben noch sagte ich, es sei beim Wiederkunftsgedanken,
stehend auf der Erkenntnis des Rhythmusgesetzes nichts zu predigen, er sei dann ästhetische Notwendigkeit im Sinne der These,
und ich habe mit diesem Bewußtsein das Wort Prediger auf
Nietzsche angewandt; seine Erkenntnis reicht nur bis zum Erkennen des Ästhetischen als ihrer eigenen Grundlage. Daß der Gedanke der Wiederkunft des Gleichen plötzlich als sinngebendes
Motiv in dieser ästhetischen Erkenntnis anklingt und ihr Leitmotiv
bleibt, wächst nicht organisch aus Nietzsches Ästhetik heraus, wie
bei Spencer in seiner theoretischen Grundlage seines Systems, von
der er nur durch einen subjektiv-optischen Vorstellungszwang ab-

geleitet wird, der Gedanke kommt Nietzsche von anderer Seite zu und er faßt ihn nicht als oberste Vorstellung, sondern nur als Postulat, um dem ästhetisch erkannten Werden, wie es das Ich erkennt, und zugleich selber ist, einen Sinn zu geben. Daß er den Gedanken der Wiederkunft des Gleichen suggeriert bekommen hat, dafür sind gewichtige Beweise wohl zu bringen, erstens Indizien aus seinen Studien, zweitens die Mangelhaftigkeit der erkenntnistheoretischen Grundlage, auf die er ihn stellt, die gar nicht selbständig entwickelt sein kann. Daß er den Wiederkunftsgedanken überhaupt nur als Postulat der ästhetischen Erkenntnis wertete und nicht die von der These verlangte korrelative Umkehrung, dem Rhythmusgedanken, als mit·notwendiges oberstes Axiom, die Ästhetik zuzuordnen, machte, wodurch er selbst oberste Vorstellung wird, allerdings auch, wie wir bei Spencer sahen, nicht mehr Wiederkunft des Gleichen, sondern nur Wiederkunft des Ähnlichen als Fortbestehen des Prinzips ist, hat auch zunächst induktive Beweise: das Zitatenmaterial, aus dem wir ersehen, wie er, der Skeptiker bisher, plötzlich mit dem Gedanken der Wiederkunft des Gleichen dem Leben einen Sinn gibt, d. h. den Gedanken als Moraldogma faßt, ihn nicht selber ästhetisch als Lebenserscheinung kritisiert. Dann den deduktiven Beweis: seine Ästhetik nicht durchgängig das Axiom unserer These, sondern getrübt durch den Vorstellungszwang einer subjektiven Optik, genau wie Spencer, nur entgegengesetzt, woraus sich sofort ergibt, daß damit die Rhythmuserkenntnis, die, wie wir schon wissen, ästhetisch im obersten Sinne sein muß, für Nietzsche unmöglich war. Hiermit ist der weitere Verlauf dieser Abhandlung skizziert: zunächst die Parallele des Rhytmusgedankens zu Spencer bei Nietzsche, dann Nietzsches Ästhetik, dem Axiom sich nähernd, oder es verdunkelnd, und hierzu wieder Parallelen von Spencer her. Hieraus muß endlich von selbst die ästhetische Erkenntnis rein als Axiom, wie der erste Abhandlungteil sie behandelte, als einzig möglich übrig bleiben, — wenn wir wieder den Rhythmusgedanken, wie ihn die erste Abteilung des zweiten Teiles eben darstellte, hinzufügen, selbst als ästhetische Erkenntnis einzig und axiomatisch möglich.

Bei der Ausführung dieser ganzen zweiten Abteilung der Induktion, die nach der Rhythmusparallele als Wiederkunftsgedanke synthetisch die Thesenteile Axiom der Erkenntnis, subjektiv-objektiv, Wissen und Denken unter der der These nach teils richtigen, teils falschen ästhetischen Auffassung der Ästhetik bei Nietzsche und Spencer behandeln soll, muß ich einer erstehenden Schwierigkeit wegen um Nachsicht bitten. Das induktive Material an Zitaten kann weder erschöpfend, noch besonders für Nietzsche, den, man könnte sagen, systematisch Systemlosen, das für die Kritik allerwertvollste sein, wenn es mir überall gelingt, das für die These notwendige und geeignete Beweismaterial überhaupt zu liefern, so muß ich mich für diese Arbeit zufrieden geben. Abgesehen von der Ausdehnung des zu Grunde zu legenden Materials, die eine vorsichtige Auswahl nötig machte für beide Denker, kommt für Nietzsche neben der oben angedeuteten inneren Schwierigkeit für meine Aufgabe noch eine rein äußere, die auch jene innere noch steigert, hinzu. Neben 8 Bänden, noch von Nietsche selbst herausgegebener Werke, liegen 5 von verschiedener Hand herausgegebene Nachlaß-bände voll mehr oder weniger ausgeführter Gedanken und Pläne, 2 Bände einer noch nicht abgeschlossenen Biographie von der Hand von Nietzsches Schwester, die Bruchstücke einer noch von ihm selbst vollendeten Autobiographie enthalten, vor, und 2 Nach-laßbände und Briefe und ähnliches Material stehen noch aus. Diese Verhältnisse komplizieren sich für das Auge des mit dem Schicksal des Nietzscheschen Nachlasses näher Vertrauten noch un-endlich, doch schon der Umstand, daß weder ein System oder eine Reihe unter irgend einem Gesichtspunkt zu vereinigender Schriften, noch das gesamte Material des Lebenswerkes Nietzsches vorliegt, genügt, um wissenschaftliches Arbeiten auch nur für irgend eine Zitatauswahl unmöglich zu machen. Dennoch konnte ich es wagen, eine solche aus Vorhandenem zu geben, da es sich ja nur um in-duktive Begründung eines besonderen Gedankens handelt, die nur hinreichend zu sein braucht, um ihren Zweck zu erfüllen. Für den Rhythmusgedanken ist dies aus Nietzsche gar nicht möglich, aber da Spencer die Induktion uns bereits zugleich bei einer Deduktion derselben aus seinen Postulaten geliefert hat, auch nicht nötig; ich habe nur die Parallele der Wiederkunft des Gleichen zu Spencers Wiederkunftsgedanken noch zu geben. Ich sagte oben, wir hätten zunächst Indizien aus Nietzsches Studien, die den Schluß ziehen ließen, daß Nietzsche den Gedanken der Wiederkunft des Gleichen suggeriert bekommen habe. Von diesem Standpunkte her eine Forschungsreise in Nietzsches Gedankenlabyrinth zu wagen, ist vielleicht ein sehr glücklicher Versuch. Er ist hier nicht meine Aufgabe, ich gebe einfach nur die Indizien. In der sehr gewissen-haften und gründlichen Neuherausgabe der Nachlaßbände XI und XII verzeichnen die verdienstvollen Nietzscheforscher und -heraus-geber Dr. Ernst und August Horneffer im Anhang zum XII. Bande die zu einem Aphorismus der Wiederkunft (105, S. 57) gehörige Notiz Nietzsches „cf. Vogt p. 90". Das zitierte Werk ist: J. G. Vogt; Die Kraft. Eine real-monistische Weltanschauung 1878, und befindet sich, wie mir der Freund und Herausgeber Nietzsches, Herr Peter Gast, gütigst mitteilte, in der Biblothek Nietzsches im Archiv Weimar. Es trägt einige Randstriche. Weiter teilte mir Herr Peter Gast noch mit, daß die bald erscheinenden Nachlaßbände XIII und XIV noch viele Stellen, auf Physik und unsere physikalische Erkenntnis bezüglich, enthalten würden, die das bisher Bekannte noch mehr in Detail führten. Herrn Dr. Ernst Horneffer verdanke ich den Hinweis auf Dr. Rudolf Steiners Darlegung des Einflusses von „Dühring, Kursus der Philosophie" auf die Idee der Wiederkunft des Gleichen, sowie, daß noch besonders ein naturwissenschaftliches Werk in Betracht komme, was sich gleichfalls im Archiv noch befindet. Professor J. G. Vogt, ein in Leipzig lebender Privatgelehrter, den ich in der Angelegenheit selbst gesprochen habe, stellte mir das für Nietzsche wichtige Werk zur Verfügung, sowie eine 1901 erschienene Neubearbeitung, bedeutend erweitert unter dem Titel: Entstehen und Vergehen der Welt als kosmischer Kreisprozeß. Seine Anschauungen fußen auf naturwissenschaftlicher und mathematischer Grundlage und sind sehr ähnlich denen Spencers, nur daß sie das ästhetische Moment in seiner Korrelation zum Rhythmusgedanken, und umgekehrt, nicht so scharf fassen, und Vogt daher auch zu Hypothesen über die Kraft und das Unerkennbare, die für Spencer, wie wir sahen, nur Postulate und vorstellbar nur als Stoff und Bewegung in Raum und Zeit sind, geführt wird. Ich kann dieses Material hier nicht weiter prüfen und benutzen, sondern gebe es nur als Indizien einer möglichen Tatsachenbeweisführung für meine ausgesprochene Vermutung der Herkunft des Wiederkunftsgedankens bei Nietzsche, zu der ich negativ noch das Material von Spencer her hinzufügen will. Nietzsche hat Spencers ersten Band des Systems, die „Grundlagen der Philosophie" nicht gekannt, aus dem ich den Rhythmusgedanken zusammenstellte. Im Archiv enthält die Bibliothek von Spencers Werken nur die „Tatsachen der Ethik" und die „Einleitung in das Studium der Soziologie". Nun wäre leicht möglich, daß Nietzsche anderswoher die anderen Teile des Systems, vor allem den ersten Band, der 1875 deutsch erschienen ist, gehabt, oder sie als Besitztum später, wie er vielfach tat, weiter gegeben hätte. Dagegen sprechen nun aber sämtliche Stellen, an denen er Spencer erwähnt, er kennt ihn nur als Soziologen und Ethiker. Ich lasse das Stellenverzeichnis, wie ich es zusammengestellt habe, hier folgen: Bände: V (Fröhliche Wissenschaft) S. 330. VII (Jenseits von Gute und Böse, S. 223). (Zur Genealogie der Moral) S. 305, 372. VIII (Götzendämmerung) S. 148. XI (Nachlaßband 1876—80) S. 191, 219, 369. XII (Nachlaßband 1881—85) S. 80, 86, 94, 95, 123 ff. XV (Nachlaßband: Umwertung) S. 27, 210 (!), 366, 441, 462. Alle diese Stellen geben mir Recht, eingeschlossen die, die von Biologie redet XV, S. 210, sie kann nicht mehr sein als eine freie Variante von VIII, S. 148, zu einer Zeit, wo sich Nietzsche selbst auf Biologie warf. Damit will ich die Möglichkeit indirekter Beeinflussung von Spencer her, einmal durch die Rhythmusreminiscenzen, die Soziologie und Ethik haben, und eventuell durch Vogt, der mir von Spencer nicht völlig unbeeinflußt scheint, nicht abstreiten, wenn sie behauptet werden sollte. Doch wie schon gesagt, mir liegt nicht viel an dieser Beweisführung; wenn sie auch durchschlagend gelänge, so müßte ich es immer noch als meine eigentliche Aufgabe betrachten, das Ergebnis auf irgend eine ästhetische Grundlage in Nietzsche zu gründen. Ich werde darum sofort zu der Beweisführung für Unselbständigkeit schreiten, die ich mit Darlegung der erkenntnistheoretischen Grundlage, die Nietzsche für den Wiederkunftsgedanken mit den gröbsten Mängeln und Fehlern gibt, durchführen will, um dann die ästhetische Erklärung von Nietzsches Vorstellungszwang seiner subjektiven Optik hier folgen zu lassen. Für die Indizienfrage will ich nur — sie wird dann später dem Leser sich bei einigen Zitaten von selbst aufdrängen — den Fingerzeig geben, den ich selbst bekam, aus der ganz neu erst veröffentlichten Anmerkung zu XII, S. 57, Aph. 105. „cf. Vogt p. 90“. Daselbst steht bei Vogt: „Die Begründung des Kreisprozesses ist, wie im Eingange betont wurde, die erste und höchste Aufgabe einer wahren Mechanik. Jedes reale Weltsubstrat, dessen mechanische Wirkungsform nicht in erster Linie mit innerer unabweisbarer Notwendigkeit den Kreisprozeß bedingt, muß erst den Händen eines Schöpfers unterbreitet werden, damit die in Wirklichkeit existierende, gegliederte Welt sich entwickeln könne. Ebensowenig können aber auch diejenigen als die Vertreter einer wahren Mechanik betrachtet werden, welche an Stelle des Kreisprozesses die Anstrebung eines gewissen Grenzzustandes, eines toten Beharrungszustandes setzen möchten. Sie vergessen ganz und gar uns den Beweis zu liefern, warum dieser Grenzzustand nicht schon längst erreicht sei, sofern die Welt eine zeitlich unendliche sein soll, oder aber auch, wenn nach Clausius bei Annäherung an diesen Grenzzustand, den er Entropie nennt,

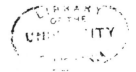

die Bewegungen der Weltkörper sich allmählich mehr und mehr in Wärme verwandeln und schließlich ein vollständiger Ausgleich aller Temperaturdifferenzen im Weltall stattfinden soll, uns zu zeigen, auf welche Weise die zwingenden Faktoren, welche die heutige ungleichartige Wärmeverteilung und die Bewegungserscheinungen bedingten, in die Welt gekommen sind und wieder aus ihr verschwinden können. Wie lange noch will die empirische Spekulation der erkenntnistheoretischen Logik Hohn sprechen?!" Nietzsche schreibt in dem betreffenden Wiederkunftsaphorismus: „Wer nicht an einen Kreisprozeß des Alls glaubt, muß an den willkürlichen Gott glauben — so bedingt sich meine Betrachtung im Gegensatz zu allen bisherigen theistischen." Betrachten wir nun zunächst die erkenntnistheoretische Darstellung des Gedankens der Wiederkunft des Gleichen. Sein Auftauchen fällt in die Zeit der „Fröhlichen Wissenschaft" und der „Zarathustra"-Anfänge, sie selbst ist dazu der Anfang (vgl. Zarathustra III. Buch, S. 228 ff.: Vom Gesicht und Rätsel, und S. 319 ff.: Der Genesende, 2.) Es ist die Zeit von Nietzsches erkenntnistheoretischen Studien. Nietzsches Versuche einer erkenntnistheoretischen Darlegung des Gedankens der Wiederkunft des Gleichen finden wir XII S. 51—63 aus Nachlaßaphorismen zusammengestellt. Ich kann mich an die Zusammenstellung direkt halten. Nietzsche poniert zunächst: „Das Maß der All-Kraft ist bestimmt, nichts „Unendliches": hüten wir uns vor solchen Ausschweifungen des Begriffs! Folglich ist die Zahl der Lagen, Veränderungen, Kombinationen und Entwickelungen dieser Kraft zwar ungeheuer groß und praktisch „unermeßlich" aber jedenfalls auch bestimmt und nicht unendlich. Wohl aber ist die Zeit, in der das All seine Kraft übt, unendlich, das heißt, die Kraft ist ewig gleich und ewig tätig: — bis diesen Augenblick ist schon eine Unendlichkeit abgelaufen, das heißt, alle möglichen Entwickelungen müssen schon dagewesen sein ... Ob je, davon abgesehen, irgend etwas Gleiches dagewesen ist, ist ganz unerweislich ... — eine unmögliche Annahme." Wenn wir die Spencersche Erkenntnistheorie, auf die er den Rhythmusgedanken basiert, zur Kritik heranziehen, so kann diese sehr kurz sein. Alle unsere Begriffe sind notwendig korrelativ zu Raum und Zeit, dies gibt Nietzsche selbst zu, indem er die Begrenztheit aller Begriffe sogleich fordert und Unendlichkeit ihm kein Begriff, sondern die Negation der Begrifflichkeit ist. Nun soll „All-Kraft" ein Begriff und damit begrenzt sein, ein Maß haben. Wenn aber All-Kraft ein Begriff ist, so ist er an Raum und Zeit gebunden. Damit wäre zunächst All für Nietzsche identisch mit Raum, und die im Raum wirkende Kraft ist dann allerdings vorstellbar und zwar, als begrenzt, bestimmt. Nun kommt der Fehler: „Wohl aber ist die Zeit, in der das All seine Kraft übt, unendlich, d. h. die Kraft ist ewig gleich und ewig tätig." Das All ist der Raum und die in ihm wirkende Kraft ist eine Konstante, d. h. unveränderlich und daher ihre Wirkung ewig. Warum? Wir haben hier ein Postulat,[1]) das auf dem Worte Unendlichkeit steht, also alle Begrifflichkeit ablehnt, die Kraft ist also unerkennbar. Das Wort All-Kraft ist also eine Kombination aus einem Begriff und einem Unvorstellbaren, das ein Postulat der Begrifflichkeit, also auch Postulat zu dem Begriffe All ist. Es handelt sich also um die Offenbarung der Kraft im Raume. Damit muß aber die Kraft irgend woher anders kommen, d. h. das Postulat Kraft, als unendlich, fordert als Korrelat ein anderes auch unendliches, Spencer nennt es das Unerkennbare, konsequent seiner Erkenntnistheorie. Der Fehler Nietzsches ist also der, er will über das Unerkennbare und dessen Korrelat, die Kraft, etwas aussagen, nämlich daß sie begrenzt, und konstant also ewig seien. Könnten wir das, dann allerdings hätten wir seine Gewißheit der Wiederkunft des Gleichen. Nun aber sind beide nur als Postulate für unser Erkennen fortbestehend, indem wir zu ihnen durch ihre Offenbarungen als Stoff und Bewegung in Raum und Zeit postulierend kommen, daher muß für uns das Prinzip des Fortbestehens gelten, in dem sie uns „begrifflich" werden; als Postulate aber unerkennbar, nimmt uns ihre Unerkennbarkeit die Gewißheit, wir haben in der Wiederkunft ein unumstößliches Prinzip, aber keine Gewißheit, wir können zum Prinzip nur noch die Notwendigkeit im ästhetischen Axiom hinzubringen und damit den Gedanken der Wiederkunft des Ähnlichen je nach dem Grade hypothetischer Wahrscheinlichkeiten mehr oder weniger als wahrscheinlich betrachten. Nietzsche stellt den Gegensatz auf: praktisch: unermeßlich, — theoretisch: endlich, es handelt sich aber um den Gegensatz: logisch: unmöglich, — hypothetisch: wahrscheinlich, d. h. wir haben aus Ästhetik die Möglichkeit der Hypothese der Wiederkunft des Ähnlichen. Ich brauche nun nicht weiter auf das, was sich ferner bei Nietzsche als zum Wiederkunftsgedanken gehörige Erkenntnistheorie findet, einzugehen, es ist überall dieselbe begriffliche Unklarheit und Fundamentlosigkeit. Was an alledem wenig

[1]) Die „unendliche Zeit", das Fortbestehen, kennen wir als Postulat von Spencer her, und seine überlogische Notwendigkeit begründete ich für ihn nun aus der Ästhetik der Erkenntnis und ihres Axioms Rhythmus eben als „ästhetische" Notwendigkeit: die höchste Wahrscheinlichkeit — unsere Notwendigkeit.

tiefgehendes Eigenes und was unter fremdem Einfluß Stehendes
ist, wäre eine Frage für sich, deren Erörterung ich schon ablehnte.
Sehen wir uns aber nach einer Erklärung der Möglichkeit um, wie
ein so feiner Kopf wie Nietzsche solche mangelhafte erkenntnistheoretische Arbeit liefern konnte, so finden wir schon in dem
Material zum Wiederkunftsgedanken deutlich genug den Beweis
von Nietzsches vollkommen ästhetischem Standpunkte in dieser
Sache, allerdings nicht die Ästhetik, die sogar als Axiom sich noch
über die Erkenntnis stellt, — auch diese aber wird weiterhin noch
mit Gedanken von ihm belegt werden — sondern die Ästhetik
einer ganz persönlichen Optik mit bestimmtem Vorstellungszwange.
Im Grunde ist der Wiederkunftsgedanke für Nietzsche gar keine
erkenntnistheoretische Gewißheit, sondern eine persönliche ästhetische Notwendigkeit. Nietzsche war, bis ihm dieser Gedanke auf-
tauchte, Skeptiker, von „Menschlichem-Allzumenschlichem" an bis
zur „Fröhlichen Wissenschaft" mehr und mehr ins Extrem gehend,
die „Fröhliche Wissenschaft" als extreme Skepsis ist noch nicht
einmal ein Paradoxon, ist selbstverständlich, doch ich werde etwas
Nietzsche-Psychologie erst später bringen, betrachten wir zunächst nur
was zum Wiederkunftsgedanken direkt gehört. Sehen wir von den
schon zitierten Stellen im „Zarathustra" ab und betrachten wir nur,
die hergehörigen Aphorismen, so finden wir eine ganze Anzahl,
die gleich unter der Überschrift „Wirkung der Lehre auf die
Menschheit" zusammengefaßt sind (XII, S. 63—69), zu denen auch
die aus der Zarathustrazeit (XII, S. 369—371) alle mit gehören.
Nietzsche sieht im Wiederkunftsgedanken ein gewaltiges moralisches
Agens jenseits der von seiner Skepsis negierten Moral von Gut und
Böse. Diese Skepsis hatte jeden Halt von sich geworfen außer
dem, dessen Erscheinungsform sie selbst noch war, die lebendige
Kraft, sie schien sich mit dieser Notwendigkeit als Erkenntnis zu
begnügen und war beschäftigt, alle ihre Möglichkeiten auszubauen,
war damit auf dem Wege zum Erkenntnisaxiom der Rhythmus-
Ästhetik, als plötzlich der Wiederkunftsgedanke den Skeptiker als
heimlichen Idealisten entlarvte, er warf ihm ein Wozu? hin, zugleich mit dem Dazu!: Ewige Wiederkunft. Hier ist dieses psychologische Schauspiel (S. 62): „Wer du auch sein magst, geliebter
Fremdling, dem ich hier zum ersten Male begegne: nimm diese
frohe Stunde wahr und die Stille um uns und über uns und laß
dir von einem Gedanken erzählen, der vor mir aufgegangen ist,
gleich einem Gestirn und der zu dir und zu jedermann hinunter
leuchten möchte, wie es die Art des Lichtes ist." Und schließlich

(S. 69): „Seid ihr nun vorbereitet? Ihr müßt jeden Grad von Skepsis durchlebt haben und mit Wollust in eiskalten Strömen gebadet haben, — sonst habt ihr kein Recht auf diesen Gedanken; ich will mich gegen die Leichtgläubigen und Schwärmerischen wohl wehren! Ich will meinen Gedanken im voraus verteidigen! Er soll die Religion der freiesten, heitersten und erhabensten Seelen sein — ein lieblicher Wiesengrund zwischen vergoldetem Eise und reinem Himmel!" Die Gründe für diesen psychologischen Vorgang will ich, ich sagte schon, erst später geben, hier genügt zunächst, daß wir die Betrachtungsweise als moralische, wenn auch moralisch im höchsten Sinne, als wesentliche Basis des Wiederkunftsgedankens erkennen, nachdem wir den Versuch, eine erkenntnistheoretische zu finden, aufgeben mußten. Diese moralische Auffassung ist jenseits der landläufigen Moral durch eine Kenntnis der modernen Biologie und Physiologie, die Nietzsche bei seinen skeptisch-psychologischen Untersuchungen bisher, auch bei der Untersuchung moralischer Werte verwendet hatte. Dies spielt natürlich nun auch in den Wiederkunftsgedanken herein und wir finden auch den Gedanken von diesen Seiten her basiert, was die Möglichkeit einer erkenntnistheoretischen Behandlung für Nietzsche noch weiter unmöglich erscheinen läßt. Wenn er Kraft als Begriff fassen will, so kommt er auf physikalische oder biologische Begriffe hinaus (S. 54): „Der letzte physikalische Zustand der Kraft, den wir erschließen, muß auch notwendig der erste sein. Die Auflösung der Kraft in latente Kraft muß die Ursache der Entstehung der lebendigsten Kraft sein. Denn einem Zustand der Negation muß der Zustand der höchsten Position folgen. Raum ist wie Materie eine subjektive Form, Zeit nicht. Raum ist erst durch die Annahme leeren Raumes entstanden. Den gibt es nicht. Alles ist Kraft." Stellen wir hierzu einen Aphorismus aus XV, S. 406, wo auch Wiederkunftsaphorismen vereinigt sind: „In einem unbestimmten Raume müßte die Gleichgewichtslage erreicht sein. Ebenfalls in einem kugelförmigen Raum. Die Gestalt des Raumes muß die Ursache der ewigen Bewegung sein, und zuletzt aller „Unvollkommenheit"." Man sieht, es wird sehr leicht aus Nietzsche selbst den Mangel erkenntnistheoretischer Gewißheit des Wiederkunftgedankens vom Gleichen ihm nachzuweisen. Nun kann ich sogar Material bringen, das uns zeigt, wie nahe Nietzsche selbst zuweilen der Anschauung Spencers stand, aus der ich ihn widerlegte. Nietzsche selbst gibt (XII, S. 58) in den Gedanken der Wiederkunft selbst auch eine „Gegenhypothese gegen den Kreisprozeß" eine geniale

Phantasie voller wechselnder Lichter über das „Unerkennbare"
als „Urdummheit", die Erscheinungswelt „eine längere Laune" ect.
Gegen mathematische „Realitäten" wendet er ein (XII, S. 33): „Bewegung können wir nicht ohne Linien uns denken: ihr Wesen ist
uns verhüllt. „Kraft" in mathematischen Punkten und mathematischen Linien — ist die letzte Konsequenz und zeigt den ganzen
Unsinn." In diesen beiden Aphorismen haben wir klar Spencers
Grundlagen zur Entwickelung seines Rhythmusgedankens: Das Unerkennbare und die unerkennbare Kraft offenbart in der Bewegung.
Nietzsche hat sogar ihr Postulat, das Fortbestehen, auf der ästhetischen Grundlage, wie sie Spencer uns gibt: Der Geist selber ist
Bewegung, ein Werden (XV, S. 405): „Hätte die Welt ein Ziel, so
müßte es erreicht sein. Gäbe es für sie einen unbeabsichtigten
Endzustand, so müßte er ebenfalls erreicht sein. Wäre sie überhaupt eines Verharrens, eines Starrwerdens, eines Seins fähig, hätte
sie in allen ihrem Werden nur einen Augenblick diese Fähigkeit
des „Seins", so wäre es wiederum mit allem Werden längst zu
Ende, also auch mit allem Denken, mit allem „Geiste". Die Tatsache des „Geistes" als eines Werdens beweist, daß die Welt kein
Ziel, keinen Endzustand hat und des Seins unfähig ist. —" Hiermit ist in dieser ästhetischen Rückführung des Rhythmusgedankens
auf das Denken selbst als seine Bedingung auch für Nietzsche alles
gegeben, um in die Spencersche Theorie des Rhythmus, wie ich
sie als Axiom der Erkenntnis, als in Ästhetik gegründet von Spencer
übernommen, darstellte, mit dem nächsten Schritte einzulenken.
Wir sahen bei Spencer, daß er von der Theorie, die er in Vollkommenheit konzipierte, unter einem Vorstellungszwang subjektiver
Optik abgelenkt wurde, Nietzsche kommt nicht einmal zu dieser
Theorie, er setzt unter Suggestion und gleichfalls einem persönlichen Vorstellungszwang an ihre Stelle die „Wiederkunft des
Gleichen". An jener zuletzt zitierten Stelle, am Schluß lesen wir: —
sein Vergessen der selbst schon erkannten Unerkennbarkeit der
Kraft und ihrer Begriffsunmöglichkeit an sich: „Die Welt als Kraft,
darf nicht unbegrenzt gedacht werden, denn sie kann nicht
so gedacht werden, — wir verbieten uns den Begriff einer
unendlichen Kraft, als mit dem Begriff „Kraft" unverträglich".
Es ist klar also, Nietzsche denkt nicht, kann nicht unter erkenntnistheoretischen Gesichtspunkten denken. Wie er denkt, sagt
er uns nun deutlich selbst. Er plante ein Buch „Die Wiederkunft des Gleichen", der Entwurf ist in dem XII. Nachlaßband im

Anhang S. 425 zu finden. Eine Anmerkung von ihm für den Stil des geplanten Buches sagt (S. 427): „Zu erwägen: die verschiedenen erhabenen Zustände, die ich habe, als Grundlage der verschiedenen Kapitel und deren Materien — als Regulator des in jedem Kapitel waltenden Ausdrucks, Vortrags, Pathos — so eine Abbildung meines Ideals gewinnen, gleichsam durch Addition. Und dann höher hinauf!" Hier hören wir es von ihm selbst, er denkt mit dem Pathos der Persönlichkeit. Ich sagte schon, der Gedanke war für ihn, den Skeptiker, der nur noch das Leben als Notwendigkeit seiner selbst in der Hand, in der sonst alles zerbröckelte, fest behalten hatte, ein Wozu für dieses Leben eine Moral jenseits der Moral der Meinungen, zu diesem Leben trat in diesem Gedanken der Wiederkunft des Gleichen der Gedanke der Möglichkeit der Züchtung unter dem Glauben an die Wiederkunft (XV, S. 403): „Meine Philosophie bringt den siegreichen Gedanken, an welchem zuletzt jede andere Denkweise zu Grunde geht. Es ist der große richtende Gedanke: Die Rassen, welche ihn nicht ertragen, sind verurteilt, die, welche ihn als größte Wohltat empfinden, sind zur Herrschaft ausersehn". Dies ist Nietzsches Pathos der Persönlichkeit, wie bei Spencer unter dem Ideal einer „Wünschbarkeit des Menschen" stehend. Nietzsches Wünschbarkeit ist der Übermensch, das Ideal der Macht, also ein Gegensatz zu Spencers Ausgleichsideal.

Sehen wir uns nun einmal psychologisch nach den, diesem gegensätzlichen Pathos zu Grunde liegenden Persönlichkeiten um. Wir sahen die Möglichkeit, die Linien ihrer Intellektualität an sich in dem Punkte des Erkenntnisaxioms: Rhythmus-Ästhetik zusammenlaufen zu lassen, suchen wir nun, von diesem höchsten Axiom her, in seine Unterklassen hinabsteigend, die Gründe ihrer Divergenz bis zu zwei Extremen. Wir müssen dazu natürlich in die Tabelle der Rhythmen zurückgehen und, wie wir schon für Spencer taten, uns nach dem fälschlich als „primären Rhythmus" genommenen Rhythmus umsehen. Für Nietzsche ergibt sich dasselbe wie für Spencer, das Organische wird „primärer Rhythmus", doch wenn Spencer das kritische Bewußtsein einzig für diesen Optikwechsel nicht hatte, so fehlt es Nietzsche überhaupt, er wertet alles instinktiv, und da sein Instinkt nicht der einer sehr harmonischen „objektiven" Persönlichkeit war, sondern deren voller Kontrast, so haben wir hier die Notwendigkeit einer psychologischen persönlichen Analyse als nächste Aufgabe, zu der Spencer als Parallele gestellt werden soll. Beginnen wir mit ihm, weil er psychisch weniger kompliziert ist, so habe ich nicht viel zu sagen, seine Autobiographie

soll nach seinem Tode erscheinen, sie wird das zu einer psychologischen Analyse Spencers nötige Material sicherlich reichlich ent-
halten, denn bei diesem streng systematischen und logisch-kritischen
Kopf haben wir ein psychologisches Problem nur in dem von mir
als Verschiebung der Optik mehrfach bezeichneten Wechsel des
philosophischen Standpunkts: der Ausgleich, das Ende des einen
Rhythmusteils, der Entwickelung, wird plötzlich Spencers Ideal und
Vorstellungszwang für jede Erscheinung. Hierzu die psychologische
Lösung zu geben, glaube ich aber, genügt es schon zu wissen, daß
Spencer aus einer alten Lehrerfamilie stammt, — sein Großvater,
Vater und Onkel (lange sein Erzieher) waren Lehrer — und bei
dem, was der Typus des englischen Lehrers in der ersten Hälfte
des vorigen Jahrhunderts war, auch wenn man an keine Charakter-
vererbung glaubt, genügt schon der Erziehungseinfluß, um uns
Spencers friedlich-gerecht ausgleichendes Ideal zu erklären, wie es
seine Soziologie und Ethik so begeistert darstellt und das Nietzsche
mit Recht in allen oben angeführten Stellen als einseitig und selbst
ausgeglichene Mittelmäßigkeit kritisiert. Nietzsches kriegerisches Ideal
zu erklären von psychologischen Momenten her, ist bedeutend schwie-
riger, ja wohl unmöglich, wenn er nicht selbst uns wertvolles
Material an die Hand gäbe. Nietzsches persönliches Ideal der Züchtung eines machtvollen höheren Typus Mensch ist ein Kontrast zu
seiner Persönlichkeit, zu seiner Erziehung, zu der Kultur seiner
Zeit, (damit eben auch zu Spencer): Christentum und christliche
Kultur sind lebenverneinend, Nietzsche will eine lebenbejahende
Lehre und Kultur. Nietzsches Großvater und Vater waren Theo-
logen, er selbst von sehr schwacher Gesundheit — décadent nennt
er sich selbst. Bekannt ist seine Kritik des Sokrates als Ende
und Umschwung der lebenbejahenden griechischen Kultur. Ob
Nietzsche selbst als Persönlichkeit das Leben bejaht, oder selbst
eine Verneinung des Lebens darstellt, wenigstens für eine Periode
seines Lebens, das sagt uns der letzte Aphorismus des X. Nachlaß-
bandes: „Sokrates, um es nur zu bekennen, steht mir so nahe, daß
ich fast immer einen Kampf mit ihm kämpfe". Dies fällt noch vor
Menschliches-Allzumenschliches, die Skepsis Nietzsches beginnt erst;
fühlt er sich hier als Beginn einer Lebensverneinung, so muß er
bis an ihr Ende kommen, diese Notwendigkeit betont er selbst
(XV, S. 175): „Die Necessität der falschen Werte. — Man kann
ein Urteil widerlegen, indem man seine Bedingtheit nachweist: damit ist die Notwendigkeit, es zu haben, nicht abgeschafft. Die
falschen Werte sind nicht durch Gründe auszurotten: so wenig

wie eine krumme Optik im Auge eines Kranken. Man muß ihre Notwendigkeit, dazusein, begreifen: sie sind eine Folge von Ursachen, die mit Gründen nichts zu tun haben." Ich sagte schon, daß Nietzsches Skepsis sogar bis ans Extrem, wo das Leben als Notwendigkeit an sich einzig noch besteht, gegangen ist. Den Prozeß in ihm selbst dabei ersehen wir aus seiner Darstellung der Skepsis (XV, S. 73): „Die Skepsis ist eine Folge der décadence —.. Die Korruption der Sitten ist eine Folge der décadence... Die Kurmethoden, die psychologischen und moralischen, verändern nicht den Gang der décadence, sie halten nicht auf, sie sind physiologisch null." Die Skepsis an ihrem Extrem, wo das Leben noch besteht, aber wertlos ist, nennt Nietzsche Nihilismus; wie er selbst schon diese Krisis überstanden hat durch den neuen Wert des Lebens, den er aus dem Gedanken der Wiederkunft des Gleichen schöpfte, gesteht er selbst sich ein, bis zu diesem Extrem gekommen zu sein (XV, S. 35): „Zur Genesis des Nihilisten. — Man hat nur spät den Mut zu dem, was man eigentlich weiß. Daß ich von Grund aus bisher Nihilist gewesen bin, das habe ich mir erst seit kurzem eingestanden: die Energie, die Nonchalance, mit der ich als Nihilist vorwärts ging, täuschte mich über diese Grundtatsache: Wenn man einem Ziele entgegengeht, so scheint es unmöglich, daß „die Ziellosigkeit an sich" unser Glaubensgrundsatz ist." An diesem Ziele, das Leben entwertet zu haben, angekommen, in dieses ausgeglichene bewegliche Gleichgewicht zwischen Wertlosigkeit und Notwendigkeit aus sich des Lebens kommt ein Impuls von außen, der Nietzsche in eine gewaltige Bewegung treibt, anfangs scheinbar in gerader Linie zum Übermenschenideal führend, dann, wie wir aus Band XV jetzt ersehen, bereits Rhythmen zwischen zwei Notwendigkeiten „Distancen" zeigend, dieser Impuls ist die Wiederkunft des Gleichen als „züchtender Gedanke". Nietzsche ist nun der, als den er sich in der noch unveröffentlichten Selbstbiographie Ecce Homo, aus der die Biographie seiner Schwester Stellen enthält, darstellt (Förster-Nietzsche, Biographie B. II, 1. Abt., S. 338): „Abgerechnet nämlich, daß ich ein décadent bin, bin ich auch dessen Gegensatz". Die Persönlichkeit hat ein Ideal, das Ideal ist ihr Gegensatz. Nietzsches Persönlichkeit fühlte sich nun, fortgerissen von dem Ideal, aber nun mit diesem im Gegensatz zu seiner ganzen Zeit, deren letzte Konsequenzen sie gezogen hatte und damit zum Nihilismus gekommen war: Nietzsche macht mit seinem Ideal dem Heute den Krieg, hören wir ihn nun schließlich selbst, wie er, ohne auf sich selbst die Anwendung zu machen, den Wechsel einer erkenntniskritischen

Gewißheit zu einem persönlichen Vorstellungszwang, als aus Kampf notwendig entstehend darstellt (XV, S. 197): „Jede kleine im Kampf befindliche Gemeinschaft (selbst Einzelne) sucht sich zu überreden: „Wir haben den guten Geschmack, das gute Urteil und die Tugend für uns"... Der Kampf zwingt zu einer solchen Übertreibung der Selbstschätzung." Fragen wir nun an dieser Stelle noch nach der Motivierung der Behauptung, daß Spencer auch einen solchen Optikwechsel psychologisch notwendig vornehmen mußte, so brauche ich dem oben Gegebenen hier nur noch zuzufügen, daß seine Auffassung des friedlichen Ausgleichs, wozu ich schon früher Stellen zitierte, die eines Ideals ist und die eben gegebene Stelle Nietzsches auch für ihn als letzten notwendigen Grund darauf anzuwenden: Spencer ist für sein Ausgleichsideal im Kampfe mit seiner Zeit, der er darin weit vorausgeeilt ist, nur ist sein Kampf defensiv, der Nietzsches offensiv, für beide aber macht der Kampf die Möglichkeit, ohne weiter ihre Bedingungen und deren Wahrscheinlichkeitsfrage zu beachten, zur Gewißheit einer einseitigen persönlichen Optik, deren ästhetische Werteinseitigkeit Nietzsches Worte selbst uns an die Hand geben. Nähert sich hier Nietzsche selbst sehr dem ästhetischen Axiom, wie es im I. Teil dieser Arbeit, von Spencer und Nietzsche selbst her beeinflußt, aufgestellt wurde, so steht unsere Kritik, wie wir sie gegen die beiden Ideale, das kriegerische Nietzsches und das friedliche Spencers, sofort bei ihrer Darlegung richteten, auf dem Standpunkt des als Korrelat des Rhythmusaxioms Spencers erkannten ästhetischen Axioms. Somit als gegensätzliche Ideale erkannt, sind diese jedoch in der subjektiv verschobenen Ästhetik Spencers und Nietzsches selbst, ihre Axiome der Erkenntnis; beide habe ich schon gelegentlich als solche erwähnt, Spencers Axiom der Ausgleichung bei der Darstellung des Rhythmusgedankens, Nietzsches Axiom: Wille zur Macht bei der Darstellung des Ästhetik-Axioms, beidemale ein negativer Beweis des aufgestellten und nach Spencer (für Rhythmus besonders) und Nietzsche (teilweise für Ästhetik) auch positiv in seiner Darstellung belegten Thesen-Axioms: Rhythmus-Ästhetik.

Die eigentliche Beweisführung der These auf Grund der Parallele Spencer-Nietzsche kann hier wohl als beendet betrachtet werden, doch läßt sich der negative Beweis mit seiner mehr oder weniger dem Thesen-Axiom sich nähernden Induktion noch weiter erklären in der Zuendeführung der Thesenanalyse. Die beiden Gegensatzideale, Ausgleichung und Wille zur Macht, müssen, von Spencer und Nietzsche als Axiome der Erkenntnis betrachtet, natürlich ihr ganzes Wissen und

Denken unter der gleichen persönlichen Optik verschoben zeigen, wie uns dies die Kritik von unserm Axiom her für den Aus- gleichungsgedanken Spencers selbst und den Gedanken der Wieder- kunft des Gleichen Nietzsches schon darbot, als wir diese Gedanken beider, als unter dem Pathos der Persönlichkeit Vorstellungszwang werdend, d. h. eine dem ästhetischen Axiom untergeordnete Stufe von Ästhetik als Grundlage habend, darstellten. Ich möchte nun noch, natürlich wieder mit der Beschränkung, für die ich schon um Nachsicht bat, durch Zitatzusammenstellung für meine Parallele auf die drei Thesenteile, die noch übrig bleiben, objektiv-subjektiv, Wissen, Denken verteilt, Material vorbringen, das kritisiert und kritisch geordnet nach dem Standpunkt des Thesen-Axioms, uns sowohl die durch die subjektiv-verschobene Optik entstehenden Mängel, als die bei Zurücktreten solcher Mängel samt ihrer Ursache deut- lich werdende Annäherung Spencers wie Nietzsches an das Axiom Rhythmus-Ästhetik zeigt, so daß wir schließlich wieder deutlich dessen aus der Parallele sich ergebende Notwendigkeit erkennen.

Fassen wir zunächst nochmals knapp und klar unsern kritischen Standpunkt in Bezug auf die für die Frage subjektiv-objektiv zu gebende Antwort, die für die von Spencer und Nietzsche gegebene, Norm der Kritik sein soll, zusammen. Im I. Teile wurde von ästhetischen Grundlagen her die Frage angefaßt und gelöst, als Ein- heit im Rhythmus-Ästhetik-Axiom erkannt. Zunächst wurde für die Begriffe subjektiv-objektiv die Eigenschaft der ästhetischen Charakteristik, als Wissen nur, nachgewiesen, d. h. der Denkprozeß dabei war, ästhetisch betrachtet, nur die Feststellung der (annähern- den) Gleichheit der Wiederkehr eines ästhetischen Vorganges im Bewußtsein. Dies als Vorgang also ästhetisch betrachtet und dem Rhythmusgedanken als nur in ihm vorstellbar zugeordnet, zeigte dann die beiden Begriffe subjektiv-objektiv als rhythmische Zwei- seitigkeit der höchsten Vorstellungseinheit, der Gegensatz ergab sich als ein im Fortbestehen der Kraft notwendiger rhythmischer Wechsel zweier Qualitäten dieser Einheit, die in ihr korrelativ sind: Rhythmus ist objektive Erkenntnis, Ästhetik ist subjektive Erkennt- nis, als Erkenntnis im Ich ist aber Rhythmus gleich Ästhetik, also subjektiv, und Erkenntnis als Vorgang ist Rhythmus, also objektiv. Nun hebt aber nur eben diese Doppelheit des Axioms den Gegen- satz auf. Auf dem Standpunkte ihrer Ideale können Spencer und Nietzsche gar nicht zu dieser Erkenntnis kommen, sich ihr nur annähern, Spencer mit seinem Ideal Ausgleichung hat nur das Rhythmus-Axiom, und von diesem auch nur einen Teil festgehalten,

notwendig muß er mit und über Wissen und Denken mehr nach
objektiver Überzeugung hinneigen, Nietzsche mit seinem Ideal
Wille zur Macht hat nur das ästhetische Axiom, und da er somit
für alle ästhetischen Werte nicht die Grundlage der rhythmischen
Vorgangsvorstellung hat, ja auch häufig den Vorgang nicht einmal
als notwendige Resultante seiner Kausalvorgänge sieht, sondern seine
psychologisch dargelegte, persönlich-notwendige Tendenz als Tendenz allem Lebendigen als „Wille zur Macht", d. h. als Axiom,
unter dem es einzig erkannt werde, unterschiebt, so muß er notwendig mit Wissen und Denken und über Wissen und Denken
einer subjektiven Überzeugung zuneigen. Bringe ich nun in
Parallele Belegstellen hierzu, so muß sich also, ich sagte es schon
voraus, dieser in unserer Kritik eben als notwendig sich ergebende
Mangel sich zeigen, aber wir sahen andererseits schon, Spencer
hat auch den ästhetischen Gedanken schon, prinzipiell wenigstens,
gefaßt und Nietzsche sich mit dem Rhythmusgedanken beschäftigt,
wir werden also nicht das Objektive und das Subjektive als un-
erschütterlichen Standpunkt finden, sondern oft ein Schwanken
zwischen beiden Anschauungen, wie ihre Optik für Wissen und
Denken dabei wechselnd schwankt, wie sie damit selbst in rhythmischer Bewegung fast an die Erkenntnis des Axioms Rhythmus-
Ästhetik streifen. Nach dieser vorausgreifenden Kritik kann ich
nun für die Zitatzusammenstellung im verbindenden Text kurz
sein, die leitenden Gedanken sind nun alle gegeben.

Die These analytisch in ihre Teile zerlegt, gibt uns zunächst den
Begriff objektiv, — im Ganzen der Standpunkt Spencers. Spencers
Ideal Ausgleich ist ihm auch Axiom der Erkenntnis: tritt Ausgleichung
ein und wird Ausgleichung erkannt, so ist dies das Ende; er formuliert
ganz streng und verzichtet ganz förmlich auf die Infragestellung
der Ausgleichung durch den Auflösungsprozeß, was er wohl für
die allgemeine Ausgleichung kann, aber diese eben steht doch noch
sehr in Frage durch vorher ausgeglichene und durch äußere Einflüsse höherer, in Auflösung übergeführter Rhythmen. Hören wir
ihn über Ausgleichung als Erkenntnisaxiom (I, S. 563): „Wenn
wir annehmen, daß die überall auftretenden Erscheinungen Teile
des allgemeinen Entwickelungsprozesses sind, mit Ausnahme der
Fälle, wo sie Teile des umgekehrten Auflösungsprozesses darstellen,
dann dürfen wir auch behaupten, daß alle Erscheinungen ihre volle
Erklärung erst finden werden, wenn sie als Teile dieses Prozesses
erkannt sind. Woraus wieder hervorgeht, daß die Grenze, welcher
die Erkenntnis zustrebt, erreicht sein muß, wenn die Formeln dieses

Prozesses einmal soweit festgestellt sind, daß sie sowohl für jede einzelne Erscheinung in ihrem ganzen Umfange, wie für die Erscheinungen im allgemeinen eine summarische und spezifische Erklärung liefern." Versuchen wir einmal, uns eine ausgeglichene Erkenntnis vorzustellen, so besteht sie zwar noch im beweglichen Gleichgewicht als Denkvorgang, aber der Vorgang ist formelhaft erstarrt, eine Bewegung in lauter zu Notwendigkeiten versteinerten Begriffen, wir sind die Objektivität. Ich frage aber Spencer, aus seinen eigenen Prämissen muß diese Bewegung doch auch zum Begriff: Rhythmus-Ästhetik kommen; dies ist sein eigner Ausgangspunkt, machen wir seinem Axiom Ausgleichung damit ein Ende, an diesem Begriff zerbricht die objektive Notwendigkeit, ihr Auflösungsprozeß beginnt — diese Arbeit bezeugt es. Fragen wir nun aber ins Einzelne, was Spencer „weiß", unter seinem Erkenntnisaxiom Ausgleichung stehend, so haben wir eigentlich die Schlußresultate aller Abteilungen seines Systems zu betrachten, sehen wir uns aber nur einmal nach dem Wissensvorgang bei Spencer um, so zeigt er uns selbst, wie er „ausgleicht"; er setzt zwei Anschauungsextreme isoliert einander gegenüber und gleicht sie aus. Anschauungen von ihren Bedingungen zu isolieren, verbietet die Ästhetik, denn alle Anschauungsgrundlagen sind immer ästhetisch. Hier also haben wir Spencers Fehler im einzelnen auch für das Wissen (XI, S. 47): „Es ist mir auch auf anderen Denkgebieten (er spricht hier über Gerechtigkeit) die Aufgabe zugefallen, nachzuweisen, daß man zur richtigen Ansicht kommen kann, wenn man die sich gegenüberstehenden falschen Ansichten mit einander aussöhnt. So kommt die Assoziationstheorie vom Intellekt in Einklang mit der transcendentalen Theorie, wenn man nur einsieht, daß beide Ansichten in eine zusammenfließen, sobald außer den Wirkungen individueller Erfahrungen auch die ererbten Wirkungen der, von allen Vorfahren gewonnenen Erfahrungen mit in Anschlag gebracht werden. Ebenso, wenn man die Umbildung der Gefühle zur Übereinstimmung mit den äußeren Erfordernissen, welche im Laufe der Generationen sich vollzogen hat, als Ursache einer Anpassung der moralischen Natur erkennt, so ergibt sich eine Versöhnung der Nützlichkeitstheorie in der Moral mit der Intuitionstheorie. Und hier sehen wir (Gerechtigkeit), daß eine ähnliche gegenseitige Berichtigung und Ausgleichung auch bei diesem uns gegenwärtig beschäftigenden besonderen Bestandteil der Ethik das einzig richtige ist." Diese Stelle ist aus dem letzten Bande seines Systems, im I. Bande noch unter dem Gedanken der Rhythmus-Ästhetik, den wir gegen ihn hier einwendeten, stehend, ist ihm selber sein Ausgleichungsideal noch als Ideal bewußt (I, S. 564): „Wissenschaftlicher Fortschritt ist Fortschritt in jener Ausgleichung des Denkens und der Dinge, die, wie wir sahen, notwendig stattfindet und auch in Zukunft stattfinden muß, die aber innerhalb endlicher Zeit niemals zum vollkommenen Abschluß gelangen kann". In diesem Zitat finden wir schon das Denken von Spencer selbst berührt als ein wichtiger Faktor in seinem Ideal. Dieses selbst müßte notwendigerweise natürlich erst ausgeglichen sein. Spencer spricht auch von einer geistigen Entwickelung, für ihn gleich Ausgleichung (I, S. 174): „Es gibt also offenbar eine Erkenntnis notwendiger Wahrheiten als solcher, welche die geistige Entwickelung begleitet. Indem eine ausgedehntere Fassungskraft und eine lebhaftere Einbildungskraft erworben werden, bildet sich zu gleicher Zeit auch das Vermögen aus, als notwendige Wahrheit zu erkennen, was früher überhaupt nicht als Wahrheit erkannt worden war. Und in dieser Erkenntnis läßt sich eine aufsteigende Stufenreihe nachweisen ... Alles das, was von logischen und mathematischen Wahrheiten gilt, findet nun, mit den nötigen Modifikationen, auch auf physikalische Wahrheiten Anwendung." Haben wir bisher immer nur den Rhythmusgedanken gegen Spencers Ausgleich geltend gemacht, indem wir die Hemmung durch Auflösungsprozesse niederer, mit den den gehemmten Entwickelungsprozeß eventuell zerstörenden, ihm übergeordneten Rhythmen verbunden, dagegen einwandten, so müssen wir beim Denken, als Ausgleich aufgefaßt, die Infragestellung durch das Rhythmusaxiom noch komplizieren durch die Infragestellung, durch das Ästhetik-Axiom. Der Entwickelung der geistigen Fähigkeiten ist doch die Entwickelung, d. h. Integration und Differenzierung im Nervensystem übergeordnet, der Rhythmusgedanke basiert immer noch auf logischen Fähigkeiten, diese aber auf einer gewissen Differenzierung im Nervensystem; diese als Schlußstufe, die unveränderlich bleibt, bezeichnen zu wollen, kann niemand wagen, wir haben den einen Teil unseres Axioms darin, für den der andere Teil, sein notwendiges Korrelat, dies verbietet. An diesen letzten eben ausgesprochenen Gedanken rührt aber Spencer selbst sogar mitten in der Soziologie, nur die gegenseitig begrenzende Korrelation von Rhythmus und Ästhetik erkennt er noch nicht, so daß seine Erkenntnis zu einem anderen Axiom kommt, als das ist, was das höchste Postulat in der subjektiven und objektiven Erkenntnismöglichkeit, und doch notwendige Einheit zeigt: Rhythmus-Ästhetik. Spencer IX, S. 196: „Das letzte Stadium, das wir erreicht haben, ist Anerkennung der Wahrheit, daß Kraft, wie sie außerhalb des Bewußtseins existiert, nicht dem gleich sein kann, was wir als Kraft innerhalb desselben kennen, und daß trotzdem beide, da jede von ihnen die andere zu erzeugen im stande ist, nur verschiedene Äußerungen eines und desselben Prinzips sein können. Das Endergebnis jener vom primitiven Menschen schon begonnenen Spekulation ist also, daß die Macht, welche sich in dem ganzen als materielle Welt unterschiedenem Universum kundgibt, eins ist mit der Macht, die in der Form von Bewußtsein aus unserem eigenen Innern hervorquillt."

Ich gebe nun noch zu Spencer die Parallele in Nietzsche. Des besseren Anschlusses wie Abschlusses halber gebe ich sie entgegengesetzt. Denken, Wissen, objektiv-subjektiv. Dabei ist festzuhalten, daß es sich für diese Arbeit nur um Material handeln kann, was unter dem Erkenntnisaxiom Nietzsches: Wille zur Macht, steht. Wie hiermit aus dem Wiederkunftsgedanken in persönlicher Spiegelung für den Skeptiker Nietzsche das von ihm erst entwertete Leben einen Sinn erhält, ist gegeben, daß damit sein ganzes Denken wertend, wertsetzend ist, dies genügt, um es sofort zu einem ästhetischen in einem besonderen Sinne, wie ihn der I. Teil darstellte, zu stempeln, und der Nachweis wäre zu geben, hauptsächlich, wie für Nietzsche die ästhetische Grundlage seiner selbst ihm bewußt wird, wie weit, und bis zu welchem Grade solche Erkenntnis ihn in die Nähe des, die Kritik auch hier für Nietzsches Denken, Wissen und Behandlung des Problems „subjektiv-objektiv" führenden Grundaxioms Rhythmus-Ästhetik bringt. Es kommen also in Betracht Band V—VIII (mit Auslassung des Zarathustra), sowie die Nachlaßbände XII—XV hauptsächlich. Bei genauer Kenntnisnahme von diesem Material taucht einem bei dem unsystematischen Durcheinander, wie es besonders, natürlich notwendig die Nachlaßbände aufweisen, der Gedanke auf: entweder alles systematisch geordnet geben oder nichts. Wenn ich hier eine Auswahl, die sich nicht einmal als beste zu bezeichnen wagen kann, gebend den Mittelweg wähle, so weiß ich genau, und bitte daher um Nachsicht, daß es nicht der beste Weg, sondern nur ein Ausweg ist. Fassen wir zunächst Nietzsches Denkweise als Skeptiker zusammen, so erhalten wir ungefähr folgendes Bild des „freien Geistes", wie er sich am Extrem seiner Skepsis selbst nennt. Es ist der eigentlich ästhetische Standpunkt, der, wenn er erkannt wird, das Ästhetik-Axiom selbst ergibt. Für den Nietzsche dieser Anschauung ist des Lebens letzter bleibender Sinn seine Notwendigkeit in sich, ich stellte dies schon dar, bald sieht er sich selbst als dessen Inbegriff, bald sich inbegriffen in die endlose Bewegung des Organischen, alles ist Werden und Vergehen, Bewegung. Hierzu muß der Rhythmus- gedanke kommen, um daraus eine Vorstellung zu machen und Vor- stellung und Vorstellendes sind dann die beiden Seiten dieses „Immer in Bewegung Seins", wie wir dies alles schon aus unserer These wiederholt ableiteten. Für Nietzsche aber ist noch nicht die Notwendigkeit der Ordnung durch den Rhythmusgedanken in seiner Vorstellungswelt, es ist Chaos der Bewegung — Nietzsches Nihilis- mus. Sehen wir uns nach der ästhetischen Grundlage vom Stand- punkt des I. Teiles her für diesen Zustand des Denkens in voll- kommener Anarchie um, so sehen wir das Ich als „Gesellschaftsbau von Instinkten" in Anarchie; wenn wir Instinkt, wie dort, als ge- kennzeichnet durch die Richtung einer Summe bestimmter Reak- tionen des Organischen auffassen, so heißt Anarchie der Instinkte: Richtungslosigkeit, es wird noch reagiert, aber nicht mehr in be- stimmter summierter Richtung, sondern durch in vielfacher Diffe- renzierung vielfach abgelenkte nuancierte Einzelreaktionen von kaum wahrnehmbarer Intensität. Diese unendliche Richtungsvaria- tion stellt sich in ihrer Gesamtheit als ein bewegliches Gleich- gewicht notwendig dar, als eine Art ausgeglichenen Rhythmus um ihre eigene Grundtatsache, das Lebendige. Man kann nicht mehr von Bewußtsein im gewöhnlichen Sinne reden, das hieße, eine be- stimmte Instinktgruppe regulativer Art dominiert als Einheit über andere Gruppen oder Einzelinstinkte, alle die kleinen Nuancen der Instinkte mit Reaktionen unendlich variierter Richtung sind fast immer alle in Reizung und reizen sich untereinander, damit sind die Grundbegriffe aller anderen, Objekt und Subjekt, nicht mehr unterscheidbar, es ist ein Bewußt-Sein, eine Einheit in unüberseh- barer Differenzierung, Wundts „Gemeingefühl" bewußt und zwar kontinuierlich bewußt. Ich schildere hier ein Extrem, dies wäre eine Ausgleichung der Erkenntnis, von der Spencer nicht auch nur eine Ahnung aufgegangen ist, gegen die aber dasselbe einzuwenden ist, was gegen Spencers Ausgleichungsideal von mir eingewendet wurde: seine Wahrscheinlichkeit ist unendlich klein, betrachtet sowohl vom Rhythmusaxiom her, wie vom Ästhetikaxiom, wie ich dies oben bei Spencers Ausgleichung kritisierend versuchte. Nietzsche selber ist uns für diese unendlich geringe Wahrschein- lichkeit ein Beweis im einzelnen, man erinnere sich, wie ich die Wirkung des Auftauchens des Rhythmusgedankens in diesem be- weglichen Gleichgewicht als mit mächtiger Gewalt zerstörenden

Eingriff schilderte. Und doch hat es Nietzsche in dieser Ausgleichung, die ihn sogar bis zum ästhetischen Axiom, wie es der I. Teil entwickelte, führt, sehr weit gebracht; es gehört aber eben dazu, damit dieses Dauer erlangen könne, das Rhythmusaxiom als Korrelat erkannt, dies erkannte Nietzsche nicht; wir kritisierten schon seine völlige Verkennung desselben und legten dazu die psychologische Notwendigkeit bei ihm dar, die von hier aus neu gestützt werden kann: das Erkennen der korrelativen Axiome muß gleichzeitig das ihrer Korrelation sein, die Anormalität Nietzsches ist Erkenntnis des ästhetischen Axioms, ohne Rhythmus-Axiomserkenntnis, so daß dies notwendig plötzlich in der Erkenntnis auftauchend dem ästhetischen ü b e r geordnet erschien. Nun wurde dieses das Axiom jener Erkenntnis, und Nietzsches Axiom lautete: Wille zur Macht. Man erkennt aber deutlich aus der Formulierung, die schon kritisiert wurde und noch weiter kritisiert werden wird, daß die Überordnung nur die als Postulat der ästhetischen Erkenntnis als deren Sinn und Halt, nach dem sie verlangte, ist. Daß die Umkehrung nicht gemacht wird, aus der sich die Korrelation ergibt, führt zu Nietzsches Einseitigkeit, in die er auch den Rhythmusgedanken aufgesogen hat, nachdem dieser ihm erst das ästhetische Gleichgewicht zerstört hat und ihn zu seiner persönlichen Optik verführte, in der wir ihn schon als Spencers Gegensatz zeigten. Für Nietzsches Denken, Wissen und Stellung zum Problem: objektiv-subjektiv haben wir also drei verschiedene Phasen: die Ästhetik der Skepsis, das Verschwinden der Ästhetik vor dem Gedanken der Wiederkunft des Gleichen und endlich die aus diesem persönlichen Ereignis sich ergebende persönliche Optik unter dem Axiom Wille zur Macht, einer unter dem Axiom Rhythmus-Ästhetik als unvorstellbar erkannten Unmöglichkeit. Ich faßte diese drei Phasen hier nochmals zusammen, obwohl sie schon im Verlauf der Arbeit dargestellt wurden, weil die Zitate, die ich noch geben will, durch diese Veränderungen in Nietzsche selbst etwas Fließendes in ihrer Begrifflichkeit haben und, indem natürlich die Persönlichkeit ihnen immer ihren Stempel aufdrückt, sowohl für Denken, wie Wissen und das Problem Objekt-Subjekt eine persönliche und damit überwiegend subjektive Färbung erhalten, so daß eben Wissen und das Problem Subjekt-Objekt, wie schon kritisch vorausgesagt wurde, einer Einseitigkeit anheimfallen.

Nietzsches Denken also ist, bis auf den „züchtenden Gedanken", der ihm aus dem Glauben an die Wiederkunft des Gleichen heraussprang und ihn selber und sein ganzes Denken schließlich dominierte, das einer sich einzig an den ästhetischen Gedanken als Axiom klammernden Skepsis. Er hat den Plan gehabt, aus solcher Denkweise heraus eine „Physiologie der Ästhetik" (Ästhetik im engeren Sinne, auf Kunst beschränkt) zu schreiben, stellenweise berührt er diesen Plan, und Band XV enthält einiges Material unter demselben Titel zusammengestellt. Dieses Werk ist uns Nietzsche also schuldig geblieben, doch hätte er es vollendet, so wäre es sicherlich eine Ästhetik im Sinne dieser Arbeit, d. h. eine Physiologie des Denkens überhaupt, bis in seine ins Unbewußte auslaufenden Spitzen geworden. Ich gebe einige hierfür bezeichnende Stellen. (V, S. 48): „Das Bewußtsein. — Die Bewußtheit ist die letzte und späteste Entwickelung des Organischen und folglich auch das Unfertigste und Unkräftigste daran ... Wäre nicht der erhaltende Verband der Instinkte so überaus viel mächtiger, diente er nicht im ganzen als Regulator: an ihrem verkehrten Urteilen und Phantasieren mit offenen Augen, an ihrer Ungründlichkeit und Leichtgläubigkeit, kurz eben an ihrer Bewußtheit müßte die Menschheit zu Grunde gehen ... Es ist immer noch eine ganz neue und eben erst dem menschlichen Auge aufdämmernde, kaum noch deutlich erkennbare Aufgabe, das Wissen sich einzuverleiben und instinktiv zu machen, — eine Aufgabe, welche nur von denen gesehen wird, die begriffen haben, daß bisher nur unsere Irrtümer uns einverleibt waren, und daß alle unsere Bewußtheit sich auf Irrtümer bezieht." Dieser Standpunkt und Zustand Nietzsches, den ich im I. Teile dieser Arbeit systematisch als den ästhetischen darstellte, erläutert sich noch weiter (V, S. 149): „Ursprung der Erkenntnis. — Der Intellekt hat ungeheure Zeitstrecken hindurch Nichts als Irrtümer erzeugt; einige davon ergaben sich als nützlich und arterhaltend: wer auf sie stieß, oder sie vererbt bekam, kämpfte seinen Kampf für sich und seinen Nachwuchs mit größerem Glücke. Solche irrtümliche Glaubenssätze, die immer weiter vererbt und endlich fast zum menschlichen Art- und Grundbestand wurden, sind zum Beispiel diese: daß es dauernde Dinge gebe, daß es gleiche Dinge gebe, daß es Dinge, Stoffe, Körper gebe, daß ein Ding Das sei, als was es erscheine, daß unser Wollen frei sei, daß, was für mich gut ist, auch an und für sich gut sei. Sehr spät erst traten die Leugner und Anzweifler solcher Sätze auf, — sehr spät erst trat die Wahrheit auf, als die unkräftigste Form der Erkenntnis ... Also: die Kraft der Erkenntnisse liegt nicht in ihrem Grade von Wahrheit, sondern in ihrem Alter, ihrer Einverleibtheit, ihrem Charakter als Lebensbedingung ... Der Denker, das ist jetzt das

Wesen, in dem der Trieb zur Wahrheit und jene lebenerhaltenden Irrtümer ihren ersten Kampf kämpfen, nachdem auch der Trieb zur Wahrheit sich als eine lebenerhaltende Macht bewiesen hat." Blicken wir von hier auf unsere Darstellung der Ästhetik zurück, so finden wir sie völlig identisch mit dieser „Wahrheit" Nietzsches, was Nietzsche an ihr „lebenerhaltend" nennt, ist die ästhetische axiomatische Erkenntnis der Notwendigkeit des Lebens aus sich selbst; unter dieser Notwendigkeit des Lebendigen als Lebendiges zeigt sich jeder Sinn des Lebens, wie ihn auch Nietzsche selbst eben aus ihm erst geschaffen darstellte, dem Leben selbst untergeordnet. Der Ästhetiker in unserem Sinne, das ist Nietzsches „Denker", das ist Nietzsche selbst. Neben Ästhetik erscheint jeder Begriff moralisch, er scheint sich dem Leben überzuordnen und ist doch nur dessen Erzeugnis. Als Ästhetiker in unserem Sinne nennt sich Nietzsche daher auch „Immoralist". (VII, S. 452.) „Ein Psychologe nämlich hat heute darin, wenn irgend worin, seinen guten Geschmack (— andere mögen sagen: seine Rechtschaffenheit), daß er der schändlich vermoralisierten Sprechweise widerstrebt, mit der nachgerade alles moderne Urteilen über Mensch und Ding angeschleimt ist." Wie er als Immoralist der Moral gegenüber oder besser jenseits der Moral steht, wie die ganze Ethik in die Ästhetik aufgeht, sagt er uns ausführlicher (VIII, S. 89): „Erwägen wir endlich noch, welche Naivetät es überhaupt ist, zu sagen „so und so sollte der Mensch sein!" Die Wirklichkeit zeigt uns einen entzückenden Reichtum der Typen, die Üppigkeit eines verschwenderischen Formenspiels und -wechsels: und irgend ein armseliger Eckensteher von Moralist sagt dazu: „nein! der Mensch sollte anders sein."? ... Er weiß es sogar, wie er sein sollte, dieser Schlucker und Mucker, er malt sich an die Wand und sagt dazu „ecce homo!" ... Aber selbst wenn der Moralist sich bloß an den einzelnen wendet und zu ihm sagt: „so und so solltest du sein!" hört er nicht auf, sich lächerlich zu machen. Der einzelne ist ein Stück Fatum, von vorne und von hinten, ein Gesetz mehr, eine Notwendigkeit mehr für alles, was kommt und sein wird. Zu ihm sagen „ändere dich" heißt verlangen, daß alles sich ändert, sogar rückwärts noch ..." Die einzige Möglichkeit der Erkenntnis ist also: die ästhetische Notwendigkeit erkennen. Ist diese Erkenntnis aber für den, der sie hat, der einzige aber sichere Halt, so ist doch ihr Inhalt, das Lebendige, im Flusse, ein Vorgang, und in diesem Vorgang sich zu verändern gehört auch noch zur Notwendigkeit dieser Erkenntnis. Auch das sagt uns Nietzsche noch

aus der seinigen heraus (V, S. 76): „Veränderter Geschmack. —
Die Veränderung des allgemeinen Geschmackes ist wichtiger als
die der Meinungen; Meinungen mit allen Beweisen, Widerlegungen
und der ganzen intellektuellen Maskerade sind nur Symptome des
veränderten Geschmackes ... Wie verändert sich der allgemeine
Geschmack? Dadurch, daß Einzelne, Mächtige, Einflußreiche ohne
Schamgefühl ihr hoc est ridiculum, hoc est absurdum als das Urteil ihres Geschmacks und Ekels aussprechen und tyrannisch
durchsetzen. Daß diese Einzelnen aber anders empfinden und
„schmecken" (Etymologie: sapiens-sapio, siehe X, S. 18), das hat
gewöhnlich seinen Grund in einer Absonderlichkeit ihrer Lebensweise, Ernährung, Verdauung, vielleicht in einem Mehr oder Weniger
der anorganischen Salze in ihrem Blute und Gehirn, kurz in der
Physis: sie haben den Mut, sich zu ihrer Physis zu bekennen und
deren Forderungen noch in den feinsten Tönen Gehör zu schenken:
ihre ästhetischen und moralischen Urteile sind solche „feinste Töne"
der Physis." Das ist der Ästhetiker in unserem Sinne und Nietzsche
in der Periode seiner Skepsis ohne den Gedanken der Wiederkunft
des Gleichen. Ich brauche es nicht weiter auszuführen, es ist
deutlich genug, daß diese ästhetische Denkweise mit ihrem Axiom
in sich selbst in ihrer Vollkommenheit, wie wir sie hier vor uns
haben, weder zu einem Wissen kommen kann, denn in ihr ist
dessen Grundbegriff Gleichheit, auch nur Ähnlichkeit, unmöglich;
damit ist auch der absolute Subjektivismus gegeben, der Rhythmusgedanke als Korrelat zu dieser Ästhetik fehlt eben. Hätte Nietzsche
hier den ersten Band Spencers, die Prinzipien der Philosophie in
die Hand bekommen, — ich will keine irrealen Hypothesen machen.
Nietzsche stieß plötzlich auf die unmögliche Vorstellung der Wiederkunft des Gleichen. Wenn dieser Gedanke wahr war, so hatte das
Leben plötzlich wieder einen Sinn, das Ewig-Veränderliche und
Vergängliche hatte plötzlich Ewigkeit. Jenes nun ausführlich dargelegte ästhetische Gleichgewicht in Nietzsche hatte mit der Möglichkeit eines Sinnes für das Leben negierend abgeschlossen, in
ihm waren alle solche Möglichkeiten erst zerstört, nun zerstörte
eine Möglichkeit das Gleichgewicht und damit auch in Nietzsche
die Fähigkeit, diese Möglichkeit auf ihre Vorstellbarkeit zu prüfen.
Es ist ganz unmöglich, hier, ja vielleicht überhaupt, da die Umwertung (Bd. XV) nur Unabgeschlossenes gibt, festzustellen, was
bei diesem Zusammenbruch von Nietzsches ästhesisch-skeptischer
Denkweise bestehen blieb, was unter dem neuen persönlichen Vorstellungszwang, formuliert als Wille zur Macht, diese einseitige Optik

bekam. Ästhetisch ist, wenigstens überwiegend in dem uns zu Gebote stehenden Material, die Auffassung des Willens immer noch als charakterisierender Sammelbegriff für die Reaktionsgruppen und Einzelreaktionen der Instinkte, die einseitige persönliche Optik ist gekennzeichnet durch die Unterschiebung der Tendenz „zur Macht", die an Stelle des Lebens an sich als dessen Sinn als „züchtender Gedanke" tritt. In diesem Stadium also ist Nietzsches Denken immer wieder ästhetisch, aber nun gleich dem Spencers unter einseitiger Optik für ein „Wünschbares"; dessen Möglichkeit baut Nietzsche auf seinem Glauben an die Wiederkunft des Gleichen auf, der für ihn das Wissen darstellt, vom kritischen Standpunkt der Rhythmus-Ästhetik her jedoch schon als einseitig subjektives Dogma hinreichend hier dargelegt wurde. Dieses Wissen schließt dann natürlich in sich als regulativen Begriff die Gegensätzlichkeit Subjekt-Objekt: das, was zur Macht will — und das, worüber es Macht wird; für diese persönlich einseitige Optik ist also für das Problem Subjekt-Objekt Gegensätzlichkeit Bedingung und damit die Erkenntnis desselben als Einheit im Axiom Rhythmus-Ästhetik unmöglich. Jedoch finden wir Annäherungen — Nietzsches Ästhetik ist dazu zuweilen noch gründlich genug — und seine subjektive Optik gerät dabei ins Schwanken. Unter solcher Anschauungsweise möchte ich hier nun noch das Material zu Nietzsches Axiom Wille zur Macht in Auswahl zusammenstellen: Der „Wille zur Macht" charakterisiert nur die Entwickelung, oft sogar ohne die Erkenntnis ihres eigentlichen Grundcharakters als Ausgleichung, die Spencer hatte, dann finden wir aber auch Ausgleichung als Notwendigkeit erkannt, und schließlich lehrt Nietzschen die décadence in ihm und um ihn, daß man auch mit Auflösung rechnen muß und sein Dogma gerät ins Schwanken hier, dann fehlt nur die Erkenntnis für die Notwendigkeit dieser Dreiheit als in einander im Rhythmusgedanken verschlungen, um Nietzsche zu unserem Axiom zu führen: Rhythmus-Ästhetik.

Wir schlossen vorhin mit einem Zitat, das uns die ästhetische Wahrheit im Sinne des Ästhetik-Axiom dieser Arbeit vollkommen darstellte, sehen wir nun, wie sich der Wahrheitsbegriff unter der Optik des „Willens zur Macht" verändert (XV, S. 287): „„Wahrheit" ist somit nicht etwas, das da wäre, und das aufzufinden, zu entdecken wäre, sondern Etwas, das zu schaffen ist, und das den Namen für einen Prozeß abgibt, mehr noch für einen Willen der Überwältigung, der an sich kein Ende hat... — Es ist das Wort für den Willen zur Macht". Aber auch zu dieser Wahrheit ist ihm der Weg noch der ästhetischer Denkweise, nur daß er nun nicht mehr von notwendigem Werden, sondern, in seiner neuen Tendenz, von Schaffen spricht (XV, S. 285): „Unsere subjektive Nötigung, an die Logik zu glauben, drückt nur aus, daß wir, längst bevor uns die Logik selber zum Bewußtsein kam, Nichts getan haben, als ihre Postulate in das Geschehen hineinlegen: jetzt finden wir sie in dem Geschehen vor, — wir können nicht mehr anders — und vermeinen nun, diese Nötigung verbürge Etwas über die „Wahrheit". Wir sind es, die „das Ding", „das gleiche Ding", das Subjekt, das Prädikat, das Tun, das Objekt, die Substanz, die Form geschaffen haben, nachdem wir das Gleich-Machen, das Grob- und Einfach-Machen am längsten getrieben haben." Der Fehler, der sich hier mit der persönlichen Optik in das ästhetische Denken eingeschlichen hat, ist klar, das „wir" ist ein doppeltes in dieser Darstellung, einmal das, was die ästhetische Ursache war für das Entstehen solcher Begriffe und dann das, was die Folge der damit verbundenen Nervenveränderungen war, ja es kommt noch ein drittes hinzu, das, was diese Begriffe unseres Denkens als geworden erkannt hat und von daher, aber eben einseitig, sie wertet, — wir warfen denselben Mangel schon Spencer in seiner Einseitigkeit vor.

Von dem Standpunkte, — seinem Wissen — vom Willen zur Macht her, sehen wir Nietzsche zunächst auch vor der Frage Subjekt-Objekt; in ihr ordnet er konsequent nun das schaffende Subjekt über (XV, S. 281): „Das Subjekt allein ist beweisbar: Hypothese, daß es nur Subjekte gibt, — daß „Objekt" nur eine Art Wirkung von Subjekt auf Subjekt ist ... ein Modus des Subjekts." Hier ist der Gegensatz auf Grund des entgegengesetzten Axioms „Wille zur Macht" gegen „Ausgleichung" zu Spencer schon ersichtlich, wie ich ihn schon früher aufstellte. Der Gegensatz kommt nun ganz scharf, zugleich aber mit, in der grundlegenden Ästhetik seines Denkens gegebener Clairvoyance über seine eigene Entwickelung bis zu diesem Axiomsgegensatz, bei Nietzsche auch zum Ausdruck (VIII, S. 286): „Wäre Seligkeit — technischer geredet, Lust — jemals ein Beweis der Wahrheit? So wenig, daß es beinahe den Gegenbeweis, jedenfalls den höchsten Argwohn gegen Wahrheit abgibt, wenn Lustempfindungen über die Frage „was ist wahr" mitreden. Der Beweis der Lust ist ein Beweis für Lust — nichts mehr." Weiter aber S. 294: „Ein Geist, der Großes will, der auch die Mittel dazu will, ist mit Notwendigkeit Skeptiker. Die Freiheit von jeder Art Überzeugung gehört zur Stärke, das Frei-Blicken-Können ... Die große Leidenschaft, der Grund und die Macht seines Seins, noch aufgeklärter, noch despotischer als er selbst es ist, nimmt seinen ganzen Intellekt in Dienst; sie macht unbedenklich; sie gibt ihm Mut sogar zu unheiligen Mitteln; sie gönnt ihm unter Umständen Überzeugungen. Die Überzeugung als Mittel: Vieles erreicht man nur mittels einer Überzeugung." Ich gab hiermit eben den vollen Beleg für die Richtigkeit meiner psychologischen Analyse Nietzsches, aus ihm sprechen hier die drei Phasen seiner Entwickelung in einem Atem. Nun das Resultat dieser Entwickelung, die „Überzeugung seiner Leidenschaft." (XV, S. 440): „Ich schätze den Menschen nach dem Quantum Macht und Fülle seines Willens: nicht nach dessen Schwächung und Auslöschung (Schopenhauer), ich betrachte eine Philosophie, welche die Verneinung des Willens lehrt, als eine Lehre der Herunterbringung und der Verleumdung ... Ich schätze die Macht eines Willens danach, wie viel von Widerstand, Schmerz, Tortur er aushält und sich zum Vorteil umzuwandeln weiß." Nietzsche ist am Extrem seiner Überzeugung, er vergißt sogar alles, was er ästhetisch erkannt hat, der Wille ist ihm ein souveränes Agens, nicht mehr Kombination von Instinktreaktionen; stand ihm erst Erkenntnis unter Ästhetik, so steht sie nun unter dem „Willen zur Macht", das woraus er erst noch den Glauben an die Logik motivierte, wird in ihm selbst Herr über die Logik (XV, S. 275): „Die Nützlichkeit der Erhaltung — nicht irgendein abstrakt-theoretisches Bedürfnis, nicht betrogen zu werden — steht als Motiv hinter der Entwickelung der Erkenntnisorgane ..., sie entwickeln sich so, daß ihre Beobachtung genügt, uns zu erhalten. Anders: das Maß des Erkennen-Wollens hängt ab von dem Maß des Wachsens des Willens zur Macht der Art: eine Art ergreift so viel Realität, um über sie Herr zu werden, um sie in Dienst zu nehmen." An diesem Extrem der Anschauung unter seinem Axiom Wille zur Macht angelangt, erkennt Nietzsche seine Anschauung auch als Extrem, er kennt auch Spencer als seinen eigenen Kontrast, dieser der Ausdruck der décadence der Zeit, er selbst aus ihr über sie hinaustretend, so stellt er den Gegensatz dar, Spencer das Ende „der Vermoralisierung der Welt", er selbst der Anfang der „Entmoralisierung" (XV, S. 372): „man träumt von einem Verschwinden des Gegensatzes (von Egoismus und Altruismus) in irgend einer Zukunft, wo, durch fortgesetzte Anpassung, das Egoistische auch zugleich das Altruistische ist ...: endlich, man begreift, daß die altruistischen Handlungen nur eine Spezies der egoistischen sind, — und daß der Grad, in dem man liebt, sich verschwendet, ein Beweis ist für den Grad einer individuellen Macht und Personalität."

Man erinnert sich, wie vor dem Axiom Rhythmus-Ästhetik diese Auffassung einer Überordnung des einen über den anderen dahinfällt und beide sich als Einseitigkeit unter persönlicher allerdings entgegengesetzter Optik zeigen. Das für die Kritik vom ästhetischen Standpunkte her so wichtige Wort „Persönlichkeit" fällt hier von Nietzsches eigenem Munde als Bekenntnis. Mehr und mehr drängt sich Nietzsche auch die Gegensätzlichkeit als Realität auf, er, der unter seinem Axiom sich als verkörperte Notwendigkeit sah, entdeckt neben sich schließlich sogar in sich eine zweite. Die Entwickelung ihm in seiner optischen Täuschung als ein Aufwärts erscheinend, ist Ausgleichung, es gibt sogar ringsum Ausgeglichenes, in dem die Lebhaftigkeit der Bewegung, die ihm Tendenz erschien, zu Ruhe kommt (VII, S. 325): „— Aber von Zeit zu Zeit gönnt mir einen Blick nur auf etwas Vollkommenes, Zu-Ende-Geratenes, Glückliches, Mächtiges, Triumphierendes, an dem es noch Etwas zu fürchten gibt! Auf einen Menschen, der den Menschen rechtfertigt, auf einen komplementären und erlösenden Glücksfall des Menschen, um deswillen man den Glauben an den Menschen festhalten darf! ... Denn so steht es: Die Verkleinerung und Ausgleichung des europäischen Menschen birgt unsere größte Gefahr, denn dieser Anblick macht müde." Von hier ab nähert sich nun Nietzsche mehr und mehr in seinem Denken dem Axiom Rhythmus-Ästhetik und damit auch dessen Wissen und dessen Vereinigung von Subjekt und Objekt in der rhythmus-ästhetischen Notwendigkeit. Wir sehen nun — nicht das erste Mal — Nietzsche contra Nietzsche (XV, S. 346): „So seltsam es klingt: man hat die Starken immer zu beweisen gegen die Schwachen; die Glücklichen gegen die Mißglückten; die Gesunden gegen die Verkommenen und Erblich-Belasteten. Will man die Realität zur Moral formulieren, so lautet diese Moral: ... der Wille zum Nichts hat die Oberhand über den Willen zum Leben. Gegen die Formulierung der Realität zur Moral empöre ich mich: deshalb perhorresciere ich das Christentum mit einem tödlichen Haß, weil es die sublimen Worte und Gebärden schuf, um einer schauderhaften Wirklichkeit den Mantel des Rechts, der Tugend, der Göttlichkeit zu geben ... Ich sehe alle Philosophen, ich sehe die Wissenschaft auf den Knieen vor der Realität vom umgekehrten Kampf ums Dasein, als ihn die Schule Darwins lehrt, — nämlich ich sehe überall Die obenauf, Die übrig bleibend, die das Leben, den Wert des Lebens kompromittieren. —: Der Irrtum der Schule Darwins wurde mir zum Problem: wie kann man blind sein, um gerade hier falsch zu sehen? ... In summa: Das Wachstum der Macht einer Gattung ist durch die Präponderanz ihrer Glückskinder, ihrer Starken vielleicht weniger garantiert, als durch die Präponderanz der mittleren und niederen Typen ..." Wird hier die Erkenntnis der Realität um ihn, Nietzsche verhängnisvoll, so daß er damit seine Überzeugung plötzlich als Ideal sieht und nicht mehr offensiv sich darauf-, sondern defensiv davorstellt, so entdeckt er weiter auch sogar die Realität, die dem Ideale entgegensteht, in sich selbst. (VIII, S. 74): „Es ist ein Selbstbetrug seitens der Philosophen und Moralisten, damit schon aus der décadence herauszutreten, daß sie gegen dieselbe Krieg machen. Das Heraustreten steht außerhalb ihrer Kraft: was sie als Mittel, als Rettung wählen, ist selbst nur wieder ein Ausdruck der décadence — sie verändern deren Ausdruck, sie schaffen sie selbst nicht weg." Nietzsche spricht hier von Sokrates, ich zitierte ihn selbst aber auch schon, wo er sich mit Sokrates wahlverwandt erklärt, das Folgende wird mir recht geben, auch in der Verarbeitung des Ideals „Wille zur Macht" in ihm diese seine décadence-Natur, als es allmählich neben sie und hinter sie zurückschiebend, darzustellen. Zunächst versucht er Ideal und Realität nebeneinander zu stellen. (XV, S. 423): „Die wirtschaftliche Einigung Europas kommt mit Notwendigkeit — und ebenso, als Reaktion, die Friedenspartei ... Eine Partei des Friedens, ohne Sentimentalität, welche sich und ihren Kindern verbietet, Krieg zu führen; verbietet, sich der Gerichte zu bedienen; welche den Kampf, den Widerspruch, die Verfolgung gegen sich heraufbeschwört; eine Partei der Unterdrückten, wenigstens für eine Zeit; alsbald die große Partei. Gegnerisch gegen die Rach- und Nachgefühle. Eine Kriegspartei mit der gleichen Grundsätzlichkeit und Strenge gegen sich, in umgekehrter Richtung vorgehend." Diese letztere ist die Vertreterin seines Ideals der Wirklichkeit gegenüber — also selbst noch Ideal, aber er will sie „züchten", rasch und mit allen denkbaren Mitteln. Auch diese gibt er (XV, S. 414): „Die Mittel wären die, welche die Geschichte lehrt: die Isolation durch umgekehrte Erhaltungsinteressen, als die durchschnittlichen heute sind; die Einübung in umgekehrten Wertschätzungen; die Distanz als Pathos; das freie Gewissen im heute Unterschätztesten und Verbotensten. Die Ausgleichung des europäischen Menschen ist der große Prozeß, der nicht zu hemmen ist: man sollte ihn noch beschleunigen. Die Notwendigkeit für eine Kluftaufreißung, Distanz, Rangordnung ist damit gegeben: nicht die Notwendigkeit jenen Prozeß zu verlangsamen." Diese Neben-

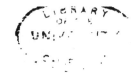

einanderstellung ist, wir wissen es, einzig möglich unter der Erkenntnis des Axioms: Rhythmus-Ästhetik, wie es Spencer theoretisch darstellt, aber auch noch nicht die praktischen Konsequenzen daraus beherrscht — Nietzsche mißlingt diese Nebeneinanderstellung, da er sie nicht derart begründen kann. Wie nahe er der aus diesem Axiom sich ergebenden Erkenntnis der Notwendigkeit der Relativität hier nun kommt, wie auch er noch einen höheren Standpunkt ahnt, als den des „Willen zur Macht", sagt er uns selbst (XV, S. 425): „Folgerung: man soll den solitären Typus nicht abschätzen nach dem herdenhaften, und den herdenhaften nicht nach dem solitären. Aus der Höhe betrachtet sind beide notwendig: insgleichen ist ihr Antagonismus notwendig, — und Nichts ist mehr zu verbannen, als jene „Wünschbarkeit", es möchte sich etwas Drittes aus beiden entwickeln. Das ist so wenig „wünschbar" als die Annäherung und Aussöhnung der Geschlechter. Das Typische fortentwickeln, die Kluft immer tiefer aufreißen. Begriff der Entartung ... wenn sie sich annähern. Dieser Begriff der Entartung ist abseits von der moralischen Beurteilung." Diese „Höhe" blitzt aber Nietzsche zunächst nur auf, es ist das Wesen des Rhythmusgedankens. Es fehlt aber, um diesen zu ermöglichen, das Wesen der Ästhetik, wie sie hier als Axiomkorrelat gefaßt wurde, Nietzsche bleibt in seiner subjektiven Optik; wenn er hier Spencers „Wünschbarkeit" verwünscht, so tut er das nur vom Standpunkt seiner eigenen gegensätzlichen, nicht aus der „Höhe". Auch mit dem Begriff Entartung ist er noch nicht aus der Moral heraus, auch in dieser müßte er noch Notwendigkeit sehen, ja diese Notwendigkeit in sich sehen, wie er es am Ende seiner Skepsis tat. Fehlt ihm dies noch in der Auffassung der eben gegebenen Stelle, so finden wir doch in ihm auch diese weitere Phase zeitweilig auftauchend. (XV, S. 58): „Man hat mit einem willkürlichen und in jedem Betracht zufälligen Wort, dem Worte „Pessimismus" einen Mißbrauch getrieben, der wie ein Kontagium um sich greift: man hat das Problem dabei übersehen, in dem wir leben, das wir sind. Es handelt sich nicht darum, wer recht hat, — es fragt sich, wohin wir gehören, ob zu den Verurteilten, den Niedergangs-Gebilden ... Man hat zwei Denkweisen gegeneinander gestellt, wie als ob sie miteinander über die Wahrheit zu streiten hätten: während sie beide nur Symptome von Zuständen sind, während ihr Kampf das Vorhandensein eines kardinalen Lebensproblems — und nicht eines Philosophenproblems — beweist. Wohin gehören wir? —" Ist nun diese Erkenntnis da, dann ist es mit dem Ideal des Willens

zur Macht zu Ende, das ästhetische Axiom kommt in Nietzsche
wieder herauf und zerschlägt mit dem Ingrimm der Verzweiflung, die
keinen Halt und Ziel mehr sieht — das Korrelat der Rhythmus-
Realität ist unerkannt — dieses Idol, — wir kommen zum Ende
der „dionysischen Tragödie" im tiefsten Sinne, wie sie Nietzsche
in ihm selbst aufging und zu Ende geht. Zunächst wird der
„Wille" negiert (VIII, S. 233): „Wo in irgend welcher Form der
Wille zur Macht niedergeht, gibt es jedesmal auch einen physiologischen Rückgang, eine décadence." Dann wird diese Necessität umgekehrt und das Resultat ist: Wille kein Agens mehr, ein unklares
Wort für einen nur allzu klaren Vorgang (VIII, S. 230): „Das alte
Wort „Wille" dient nur dazu, eine Resultante zu bezeichnen, eine
Art individueller Reaktion, die notwendig auf eine Menge teils wider-
sprechender, teils zusammenstimmender Reize folgt: — der Wille
„wirkt" nicht mehr, „bewegt" nicht mehr." Dies auf die als notwendig erkannte Gegensätzlichkeit des Macht- und Ohnmachttypus
bezogen, zeigt sich als das eigentlich Charakteristische dieser Notwendigkeit (XV, S. 80): „Schwäche des Willens: das ist ein
Gleichnis, das irreführen kann. Denn es gibt keinen Willen und
folglich weder einen starken noch schwachen Willen. Die Vielheit
und Disgregation der Antriebe, der Mangel an System unter ihnen
resultiert als „schwacher Wille"; die Koordination derselben unter der
Vorherrschaft eines einzelnen resultiert als „starker Wille"."
    Hiermit haben wir nun ein Bild des Denkens Nietzsches nach der
Aufstellung eines Axioms unter einer subjektiven Optik, das aber immer
wieder in Frage gestellt wird durch die vorher gewonnene und über
das subjektive Axiom sich wieder emporringende Denkweise unter
dem ästhetischen Axiom, wie es systematisch in dieser Arbeit schon
dargestellt wurde und auch an Nietzsche in seiner Skepsis gezeigt
worden ist. Damit ist natürlich auch alles Wissen, das immer auf
einem Axiom als seinem eigenen Inbegriff stehen muß, in Frage,
oder wenigstens in fortwährenden Schwankungen, denn das ästhetische Axiom für sich, ohne sein Korrelat den Rhythmusgedanken
widerspricht nicht nur jenem persönlichen Axiom „Wille zur Macht",
sondern auch allen Begriffen, der Begrifflichkeit überhaupt, die,
einzig qualifiziert als Feststellung von Gleichheiten im Geschehen,
im ästhetischen Axiom: „alles ist Vorgang und Veränderung, auch
ein Axiom —, auch dieses Axiom —", untergehen.
    Dies stellten wir schon ausführlich dar und erläuterten es beson-
ders am Problem: Objekt-Subjekt, das uns, relativ zu unserem Axiom
Rhythmus-Ästhetik, als Einheit möglich erschien. Auch Nietzsche tritt

an dieses Problem heran, da ihm aber der Rhythmusgedanke als höchstes Wissen fehlt und nur der ästhetische, der an sich Wissen unmöglich macht, zu Gebote steht, so ist ihm das Problem in Beziehung zu seinem persönlichen Axiom — und umgekehrt auch sein Axiom in Beziehung zu diesem Problem — eine unmögliche Denkbarkeit. (XV, S. 252): „„Subjekt": von uns aus interpretiert, so daß das Ich als Substanz gilt, als Ursache alles Tuns, als Täter. Die logisch-metaphysischen Postulate, der Glaube an Substanz, Accidenz, Attribut u. s. w. hat seine Überzeugungskraft in der Gewohnheit, all unser Tun als Folge unseres Willens zu betrachten: — so daß das Ich, als Substanz, nicht vergeht in der Vielheit der Veränderung. — Aber es gibt keinen Willen. —" Negiert er hier zunächst nur vom ästhetischen Axiom her, so erklärt er weiter auch, was unter diesem allein Objekt-Subjekt sind, — leere Worte einer persönlich-schiefen Optik (XV, S. 286): „Objekt-Subjekt: Es sind Komplexe des Geschehens, in Hinsicht auf andere Komplexe scheinbar dauerhaft — also z. B. durch eine Verschiedenheit im Tempo des Geschehens (Ruhe-Bewegung, fest-locker: alles Gegensätze, die nicht an sich existieren und mit denen tatsächlich nur Gradverschiedenheiten ausgedrückt werden, die für ein gewisses Maß von Optik sich als Gegensätze ausnehmen)."

„Es bleibt nun also einzig die ästhetische Erkenntnis übrig (XV, S. 275): „Es gibt weder „Geist", noch Vernunft, noch Denken, noch Bewußtsein, noch Seele, noch Wille, noch Wahrheit: Alles Fiktionen, die unbrauchbar sind. Es handelt sich nicht um „Subjekt und Objekt", sondern um eine bestimmte Tierart, welche nur unter einer gewissen relativen Richtigkeit, vor allem Regelmäßigkeit ihrer Wahrnehmungen (so daß sie Erfahrung kapitalisieren kann) gedeiht. —" Diese ästhetische Erkenntnis, die sich schließlich in der Unmöglichkeit einer Erkenntnis an sich zusammenfaßt, gibt damit zugleich — und Nietzsche drückt das hier mit aus — den Hinweis auf die Notwendigkeit ihr Korrelat zu suchen; es muß in ihr selbst als Grund irgend eine „Regelmäßigkeit und Richtigkeit" geben, wir sagten umfassender ihre Wesensnotwendigkeit, — ich brauche nicht weiter zu rekapitulieren. Nietzsche redet einseitig von gedeihen, wir redeten allgemein von leben: die Gesamtregelmäßigkeit aller Lebensvorgänge und ihre Korrelationen im Unorganischen, wie sie ihnen durch Ästhetik zugeordnet werden — nämlich auch als Vorgänge —, ist zu suchen als oberstes Prinzip und ordnendes Axiom der Erkenntnis überhaupt, d. h. der ästhetischen Erkenntnis und doch selbst in sie korrelativ einbegriffen. Dieser Mangel taucht Nietzsche immer wieder im Bewußtsein auf, er redet oft von der Philosophie der Zukunft, die er auf die ästhetische Erkenntnis notwendig gegründet erwartet, aber er sieht dabei zugleich ihre Möglichkeit durch den Mangel eines r e g u l a t i v e n Gedankens, der selbst auch ästhetisch begründet ist, hundertfach in Frage gestellt. Unsere These hat der ästhetischen Erkenntnis von Spencer her diesen Gedanken hinzugefügt, in der Erkenntnis dieser seiner Notwendigkeit, verfolgen wir nun noch, wie nahe Nietzsche an dies neue Axiom aller Erkenntnis in seiner korrelativen Notwendigkeit herankommt. (VII, S. 146): „Die Gefahren für die Entwickelung des Philosophen sind heute in Wahrheit so vielfach, daß man zweifeln möchte, ob diese Frucht überhaupt noch reif werden kann. Der Umfang und der Turmbau der Wissenschaften ist ins Ungeheure gewachsen, und damit auch die Wahrscheinlichkeit, daß der Philosoph schon als Lernender müde wird oder sich irgendwo festhalten und „spezialisieren" läßt: so daß er gar nicht mehr auf seine Höhe, nämlich zum Überblick Umblick, Niederblick kommt." Nietzsche deckt sich hier in seiner Anschauung über die Aufgabe der Philosophie mit Spencer und Wundt, nur daß Wundt uns den ordnenden Gedanken zu seiner Definition der Philosophie nicht gibt, Spencer dafür die Einseitigkeit der Ausgleichung, Nietzsche deren Gegensatz die Spannung in Extreme, d. h. die Auflösung der Ausgleichung, soweit sie besteht. Hierzu aber verlangt er außerdem noch eine Rangordnung innerhalb der Extreme, wir erkannten schon die Freiheit dieser seiner letzten Forderung von der subjektiven Wertschätzung, in der er lange befangen war, er ahnt einen Wertmesser, einen ästhetischen über allen subjektiv-einseitigen, einmal spricht er die Forderung aus (VII, S. 339): „Alle Wissenschaften haben nunmehr der Zukunftsaufgabe des Philosophen vorzuarbeiten: diese Aufgabe dahin verstanden, daß der Philosoph das Problem vom Werte zu lösen hat, daß er die Rangordnung der Werte zu bestimmen hat." Schon in der Zeit seiner Skepsis vor dem Axiom des Willens zur Macht, wie ihm eben erst der Rhythmusgedanke entgegentritt, versuchte er eine Lösung dieses Problems für die künstlerischen ästhetischen Werte, wie diese ihm sein in unserem Sinne ästhetischer Standpunkt ermöglicht, er erkennt hier über Willen und Macht die Notwendigkeit des Geschehens in der rhythmisch-ästhetischen Verknotung, es fehlt nur der letzte Schritt, die Ästhetik zum allgemeinen Prinzip zu verallgemeinern, den er erst viel später tut, damit sein Axiom des Willens zur Macht, das unterdessen den Rhythmusgedanken verdrängt hatte, umwerfend — ich erklärte hiermit die tiefe Tragik seiner Persönlichkeit. (V, S. 326): „. . . — und mein Blick schärfte sich immer mehr für jene schwierigste und verfänglichste Form des Rückschlusses, in der die meisten Fehler gemacht werden — des Rückschlusses vom Werk auf den Urheber, von der Tat auf den Täter, vom Ideal auf den, der es nötig hat, von jeder Denk- und Wertungsweise auf das dahinter kommandierende Bedürfnis. — In Hinsicht auf alle ästhetischen (künstlerisch-ästhetischen) Werte bediene ich mich jetzt dieser Hauptunterscheidung: ich frage in jedem Falle, „ist hier der Hunger oder der Überfluß schöpferisch geworden?" Von vornherein möchte sich eine andere Unterscheidung mehr zu empfehlen scheinen — sie ist bei weitem augenscheinlicher — nämlich das Augenmerk darauf, ob das Verlangen nach Starrmachen, Verewigen, nach Sein die Ursache des Schaffens ist, oder aber das Verlangen nach Zerstörung, nach Wechsel, nach Neuem, nach Zukunft, nach Werden. Aber beide Arten des Verlangens erweisen sich tiefer angesehen noch als zweideutig, und zwar deutbar eben nach jenem vorangestellten und mit Recht, wie mich dünkt, vorgezogenen Schema." Wir hören hier — eben nur für künstlerisch-ästhetische Werte — den Rhythmusgedanken für Ästhetik und schließlich Ästhetik wieder für Rhythmus korrelativ erkannt, von Nietzsche selbst ausgesprochen. Noch einmal und noch grundlegender, auf sich selbst, als Gegensatz in sich, bezogen, hören wir dasselbe, die Hand ist wieder fast auf die Lösung des Problems gelegt, die rhythmisch-ästhetische Notwendigkeit in ihm selber ist ihm klar, das Ja-sagen zu sich selbst, das kein Nein hat; — es fehlt nur eins, dasselbe als Grundlage der Erkenntnis des Menschen überhaupt zu setzen. (XV, S. 483): „Eine solche Experimental-Philosophie, wie ich sie lebe, nimmt versuchsweise selbst die Möglichkeit des grundsätzlichen Nihilismus vorweg (Pessimismus): ohne daß damit gesagt wäre, daß sie bei einer Negation, beim Nein, bei einem Willen zum Nein stehen bliebe. Sie will vielmehr bis zum Umgekehrten hindurch — bis zu einem dionysischen Ja-sagen zur Welt, wie sie ist, ohne Abzug, Ausnahme, Auswahl —, sie will den ewigen Kreislauf: — dieselben Dinge, dieselbe Logik und Unlogik der Verknotung. Höchster Zustand, den ein Philosoph erreichen kann: dionysisch zum Dasein stehn —: meine Formel dafür ist amor fati." Daß Nietzsche wieder auf den Gedanken der Wiederkunft des Gleichen zurückkommt, ist sein Verhängnis, aber es ändert an der Charakteristik dieses Standpunktes direkt vor dem Axiom der Rhythmus-Ästhetik nichts mehr; das unbedingte Ja zur

Notwendigkeit im Guten und im Schlimmen, auch die Erkenntnis des Axioms Rhythmus-Ästhetik als Axioms der Erkenntnis schließt in sich die Notwendigkeit, unter diesem Axiom in das Reich der Erkenntnis bis zu ihren letzten Möglichkeiten einzudringen, d. h. in jeder Möglichkeit notwendig endlich das Axiom zu finden, das lehrt die Ästhetik. Auch dieses Weges Notwendigkeit sah Nietzsche schon voraus, wir wissen nun, warum er ihn nicht selbst beschreiten konnte, was ihm noch fehlte — ihn hinderte nicht nur eine äußere, sondern eine innere Unmöglichkeit. Wie Moses, sieht er noch das Land der Verheißung, zu dem er selbst führte, von dem er selbst predigte, ihm ist versagt, den Fuß auf seinen Boden zu setzen, seine Gedanken kamen nie in eine Heimat. Er sieht es vor sich, und breitet die Hände danach aus (XV, S. 471): „Nun stellt die ganze Geschichte der Kultur eine Abnahme jener Furcht vor dem Zufall, vor dem Ungewissen, vor dem Plötzlichen dar. Kultur, das heißt eben berechnen lernen, kausal denken lernen, prävenieren lernen, an Notwendigkeit glauben lernen ... Ja, es ist ein Zustand von Sicherheitsgefühl, von Glaube an Gesetz und Berechenbarkeit möglich, wo er als Überdruß ins Bewußtsein tritt, wo die Lust am Zufall, am Ungewissen, und am Plötzlichen als Kitzel hervorspringt. Verweilen wir einen Augenblick bei diesem Symptom höchster Kultur, — ich nenne es den Pessimismus der Stärke ... Auch dieser Pessimismus der Stärke endet mit einer Theodicee, d. h. mit einem absoluten Ja-sagen zu der Welt — aber um der Gründe willen, auf die man zu ihm ehemals Nein gesagt hat —: und dergestalt zur Konzeption dieser Welt als des tatsächlich erreichten höchst möglichen Ideals." Was ist es, was Nietzsche hier als höchste Gottheit gerechtfertigt wissen will? Es ist die Norm der Kultur, unter der ihre ganze Geschichte steht, es ist das Gesetz der Notwendigkeit, nach dessen Erkenntnis die ganze Kultur gestrebt hat, es steht über dem Gedanken der Wiederkunft des Gleichen, denn dieser hat noch eine Negation, oder besser ein Extrem, das schließlich in dies höchste Prinzip einmündet, es fällt vor ihm der Gedanke der Züchtung fort, denn seine Gründe heben die Entscheidung für Ja oder Nein auf, Realität und Idealität fallen in ihm zusammen, die ganze Welt ist in ihm begriffen und es begreift die ganze Welt in sich — diese Arbeit hat den Versuch gemacht, es darzustellen: R h y t h m u s - Ä s t h e t i k.

Lippert & Co. (G. Pätz'sche Buchdr.), Naumburg a. S

Lightning Source UK Ltd.
Milton Keynes UK
UKOW04f1859011116

286667UK00011B/826/P